하나님의 도우심과 훌륭한 지혜가 당신과 함께하길 ...

_____ 님께

_____ 가 드립니다.

사모가 사모에게

초판발행 / 2003. 12. 20.
초판2쇄 / 2006. 3. 24.
엮 은 이 / 바바라 휴즈
옮 긴 이 / 김 선 화
발 행 인 / 박 경 진
발 행 처 / **도서출판 진흥**
등　　록 / 1992. 5. 2. 제 5-311호
주　　소 / 서울특별시 동대문구 신설동 104-8(우편번호 130-812)
전　　화 / 영업부 2230-5114, 편집부 2230-5155
팩　　스 / 영업부 2230-5115, 편집부 2230-5156
E-mail : publ@jh1004.com
Homepage : jh1004.com

ISBN 89-8114-229-7
값 8,500원

Originally published in the U.S.A. under the title
Devotions for Ministry Wives
Copyright ⓒ 2002 by Barbara Hughes
Grand Rapids, Michigan

Korean Translation Copyright ⓒ 2003
by JinHeung Publishing Company
104-8 Sinseol-Dong, Dongdaemun-Gu, Seoul, Korea

사모가 사모에게

사모가 사모에게
Devotions for Ministry Wives

바바라 휴즈(Barbara Hughes) 엮음
김선화 옮김

친흥

머리말

본서 『사모가 사모에게』는 목회의 여러 최전방을 몸소 체험했던 사모들의 헌신적인 모습을 통해 당신에게 유익한 상담을 제공하고, 하나님의 도우심과 훌륭한 지혜를 소개합니다. 우리 사모들은 본서를 통해 주님을 섬기는 새롭고, 긍정적인 안목을 가지게 될 것입니다.

목회 사역에는 희생이 따릅니다. 그러나 그 희생에는 매우 고귀한 가치가 깃들어 있습니다. 목회자의 아내로서 살아가는 것은 특권이지 고통이 아니라고 선배 된 사역자의 아내들은 우리에게 말합니다.

목회자 아내들을 위한 한 잡지사의 편집자("Just Between Us"(justbetweenus.org))로서, 저는 우리에게 주어진 최고의 소명이 무엇인가에 관해 듣습니다. 44년 동안 목회 사역을 해오면서-처음에는 평신도의 아내로서, 그 다음엔 선교사의 아내로서, 그리고 목사의 아내로서, 현재는 남편과 함께 그의 동역자로 엘름브룩 교회(위스콘신 주 밀워키 소재)를 섬기면서, 교회를 강화하는 사역을 위해 전 세계를 순회

하고 있습니다.-이 모든 일을 되돌아볼 때, 진정 감사의 마음을 느끼지 않을 수 없습니다. 그러나 저는 저를 격려해 줄 이 같은 책이 있기를 얼마나 바랐는지 모릅니다.

대부분의 사역자 아내들은 그들 나름대로의 두려움을 가지고 있으며, 그래서 여러 가지 문제들과 대면해야 할 또 다른 날들을 맞이해야 한다는 사실에 곤혹스러워하기도 합니다. 비록 특권처럼 여겨지는 지위이긴 하지만, 우리는 외로움을 어떻게 다루어야 하는지, 가정과 사역의 조화를 어떻게 이루어야 하는지, 공적인 입장에서 개인적인 고통을 어떻게 다루어야 하는지, 비현실적인 기대들을 어떻게 처리해야 하는지 등 여러 가지 도전에 부딪히게 됩니다.

그래서 경건한 은사를 가진 우리의 동역자들이 사역자의 아내에게 필요한 구체적인 것들을 적절한 말로 우리와 함께 나눕니다. 그것은 잠언 25장 11절이 말씀하는 "아로새긴 은쟁반에 금사과" 같습니다. 하루에 한 개씩 먹는 이 금사과는 사탄을 물리치는 확실한 처방이 될 것입니다.

하나님은 언제나 선하십니다. 하나님은 자비로우시고 은혜로우십니다. 하나님은 환난 중에 만날 큰 도움이십니다. 이 책을 읽으면서 용기를 얻고, 회복을 경험하며, 메마른 가슴이 해갈되는 은혜 체험의 축복을 누리시기 바랍니다.

- 질 브리스코(Jill Briscoe), 엘름브룩 교회 사역자이며, 〈Just Between Us〉의 편집자

서문

"저와 결혼해 주시겠어요?"라는 질문은 수세기 동안 여성들을 심사숙고하게 만든 질문 중 하나이다. 그러나 목회 사역의 길로 들어서는 남자로부터 이런 질문을 받는다면, 그것은 그 여성에게 다음과 같은 한 아름의 두려움을 의미하는 것이 된다.

- 나는 사모의 모습에 합당할 것인가?
- 나는 사모가 되기를 원하는가?
- 내가 사모가 되어야만 하는가?!

대부분의 젊은 여성들이 이러한 두려움에도 불구하고, 그리스도와 그분의 교회를 섬긴다는 뜻밖의 기쁨에 놀라워하면서 프로포즈를 받아들였다. 그러나 사역자의 아내들은 아무나 겪지 못하는 독특한 도전에 직면하게 된다. 본서 『사모가 사모에게』는 이러한 사역자 아내들이 겪는 스트레스에 대해서 말하고 있다. 이 책의 저자들은 다양한 목회 사역 분야에서 헌신하고 있는 목사, 선교사, 기독교 단체와 학술 단체 대표의 아내들이다. 이들 중에는 우리에게 익숙한 이름들도 있을 것이고, 그렇지 않은 사람들도 있겠지만, 그들 모두 자신만의 풍부한 경험과 독특한 은사를 가지고 우리에게 말하고 있다.

- "몇몇 사람들이 나를 보고 '당신은 일주일 내내 경건의 시간을 가질 수 있겠네요.' 라고 비웃었지만, 그것은 사실이 아니다."
- "건강하지 못한 사람으로부터 건강한 반응을 기대하지 말라."
- "때로는 세상과 교회 속의 상처들을 치유할 수 없을 때가 있다."

이 묵상집은 개인 훈련, 남편이 받는 비난에 대처하는 법, 부적절감, 사역 현장에서 환영 받지 못한다거나 기대하지 못했던 도전에 직면하는 법, 사역자 아내로서의 특권에 따르는 특별한 기쁨에 관한 내용을 담고 있다.

- "하나님을 순종하는 사명의 길이 항상 안락함을 주지는 않지만, 나는 오직 이 '생명의 길'만이 참된 기쁨과 영원한 행복을 가져다 준다고 믿는다."
- "우리 모든 가족은 새로운 친구를 사귀고, 친밀한 인간관계를 형성하며, 소중한 추억들을 간직하는 기쁨을 얻게 되었다. …우리 가정의 부족함으로 인해 우리 가정을 드러내고 사용하지 못했다면, 우리는 아마 많은 소중한 경험들을 놓쳐버렸을 것이다."

나는 어느 날인가부터 매일, 이 책의 여러 저자들이 보내주는 원고가 담긴 메일을 고대하기 시작했다. 글의 형식을 살펴보기 위해서가 아니라 내 마음에 감동을 주었기 때문에 나는 그 글들을 읽고 또 읽었다. 그 여성들이 자신의 삶에서 하나님의 말씀을 내적, 외적으로 적용하면서 깨달은 지혜는 이제 곧 나 자신과 여러분의 것이 될 것이다. 나는 이 믿음의 여정, 특히 사역자 아내로서 누릴 수 있는 소중한 기회에 대하여 용기를 얻게 되었다. 기도하기는, 이 책을 읽는 여러분 또한 나와 같이 용기를 얻게 되길 바란다. 할렐루야! 구세주여!

차례

머리말 · 5
- 질 브리스코(Jill Briscoe), 엘름브룩 교회 사역자이며, 〈Just Between Us〉의 편집자

서문 · 7

1. 축복 받을 준비가 되어 있나요? / 노엘 파이퍼(Noël Piper) · 16
2. 눈보라 속에서 헤맬 때 / 노엘 파이퍼(Noël Piper) · 18
3. 주님의 음성 / 조이스 웹스터(Joyce Webster) · 20
4. 결혼생활의 회복 / 도로시 켈리 패터슨(Dorothy Kelley Patterson) · 22
5. 정상을 향하여 / 캐이시 채플(Kathy Chapell) · 24
6. 나는 못났어 / 진 헨드릭스(Jeanne Hendricks) · 26
7. 애처로운 목사의 아내 / 수 세일해머(Sue Sailhamer) · 28
8. 순례자의 길 / 메리 로우 윗록(Mary Lou Whitlock) · 30
9. 독수리의 날개 / 메리 캐시언(Mary Kassian) · 32
10. 너희 자손이 알게 되리라 / 잰 오틀런드(Jan Ortlund) · 34
11. 가족의 소명 / 폴릿 워싱턴(Paulette Washington) · 36
12. 친절은 가정에서 시작된다 / 메리 K. 몰러(Mary K. Mohler) · 38
13. 훈련인가 낙심인가 / 캐이시 힉스(Kathy Hicks) · 40
14. 나눔의 사역 / 헤더 올포드(Heather Olford) · 42
15. 어디에서나 만족하는 비결 / 리사 라이켄(Lisa Ryken) · 44
16. 듣는 것은 값진 일이다 / 바바라 휴즈(Babara Hughes) · 46
17. 하나님께 아뢰세요 / 노엘 파이퍼(Noël Piper) · 48
18. 확실한 치유 / 조이스 웹스터(Joyce Webster) · 50
19. 주님의 길 가운데 인도하심 / 도로시 켈리 패터슨(Dorothy Kelley Patterson) · 52
20. 내면의 연약함 / 캐이시 채플(Kathy Chapell) · 54

21. 돌아갈 신호 / 진 헨드릭스(Jeanne Hendricks) · 56
22. 실패 / 수 새일해머(Sue Sailhamer) · 58
23. 고통과 기쁨 / 메리 로우 윗록(Mary Lou Whitlock) · 60
24. 당신의 집을 세우세요 / 메리 캐시언(Mary Kassian) · 62
25. 입증된 믿음 / 잰 오틀런드(Jan Ortlund) · 64
26. 관계에의 헌신 / 폴릿 워싱턴(Paulette Washington) · 66
27. 세월을 아끼라 / 메리 K. 몰러(Mary K. Mohler) · 68
28. 예정된 시간 / 캐이시 힉스(Kathy Hicks) · 70
29. 모든 것 되시는 그리스도 / 헤더 올포드(Heather Olford) · 72
30. 하나님을 기다림 / 리사 라이켄(Lisa Ryken) · 74
31. 뒤바뀜 / 바바라 휴즈(Barbara Hughes) · 76
32. 부족하다는 것 / 바바라 휴즈(Barbara Hughes) · 78
33. 쓸데없는 근심 / 조이스 웹스터(Joyce Webster) · 80
34. 내가 오히려 찬송하리로다! /
   도로시 퀠리 패터슨(Dorothy Kelley Patterson) · 82
35. 잠겨 버린 서랍 문 / 캐이시 채플(Kathy Chapell) · 84
36. 캄캄한 길을 지날 때 / 진 헨드릭스(Jeanne Hendricks) · · 86
37. 꿈의 집 / 수 세일해머(Sue Sailhamer) · 88
38. 당신의 교회는 어떻습니까? / 메리 로우 윗록(Mary Lou Whitlock) · 90
39. 사소한 것들 / 메리 캐시언(Mary Kassian) · 92
40. 폭풍 속의 안전 / 잰 오틀런드(Jan Ortlund) · 94
41. 의도된 계획 / 폴릿 워싱턴(Paulette Washington) · 96
42. 그분의 마음 / 메리 K. 몰러(Mary K. Mohler) · 98
43. 궁극적 능력의 원천 / 캐이시 힉스(Kathy Hicks) · 100
44. 현숙한 여인 / 헤더 올포드(Heather Olford) · 102
45. 그리스도의 신부 / 리사 라이켄(Lisa Ryken) · 104
46. 그분을 기억하세요 / 바바라 휴즈(Barbara Hughes) · 106
47. 바람 속을 걸으심 / 노엘 파이퍼(Noël Piper) · 108

48. 소원을 비세요 / 조이스 웹스터(Joyce Webster) · 110
49. 하늘나라의 회계장부 / 도로시 켈리 패터슨(Dorothy Kelley Patterson) · 112
50. 노를 저으세요! 그리고 기도하세요! / 캐이시 채플(Kathy Chapell) · 114
51. 어두운 그늘 / 진 헨드릭스(Jeanne Hendricks) · 116
52. 하나님의 선한 일 / 수 세일해머(Sue Sailhamer) · 118
53. 진리를 찾아서 / 메리 로우 윗록(Mary Lou Whitlock) · 120
54. 그리스도를 본받아 / 메리 캐시언(Mary Kassian) · 122
55. 남편을 위한 하나님의 선물 / 잰 오틀런드(Jan Ortlund) · 124
56. 신실함의 능력 / 폴릿 워싱턴(Paulette Washinton) · 126
57. 목회자 아내라는 특권 / 메리 K. 몰러(Mary K. Mohler) · 128
58. 그분의 작품 / 캐이시 힉스(Kathy Hicks) · 130
59. 푯대를 향하여 / 헤더 올포드(Heather Olford) · 132
60. 신실함 / 리사 라이켄(Lisa Ryken) · 134
61. 그리스도의 마음 / 바바라 휴즈(Barbara Hughes) · 136
62. 봄의 노래 / 노엘 파이퍼(Noël Piper) · 138
63. 더 좋은 가정 / 조이스 웹스터(Joyce Webster) · 140
64. 자기 할 일을 하였느니라 / 도로시 켈리 패터슨(Dorothy Kelley Patterson) · 142
65. 우리는 할 수 없지만 / 캐이시 채플(Kathy Chapell) · 144
66. 우리가 두려워하는 이유 / 진 헨드릭스(Jeanne Hendricks) · 146
67. 처음부터 끝까지 / 수 세일해머(Sue Sailhamer) · 148
68. 어떻게 나의 믿음을 지킬 수 있는가? / 메리 로우 윗록(Mary Lou Whitlock) · 150
69. 도미노 게임 / 메리 캐시언(Mary Kassian) · 152
70. 비난 앞에서의 온유함 / 잰 오틀런드(Jan Ortlund) · 154
71. 민감성 높이기 / 폴릿 워싱턴(Paulette Washington) · 156
72. 대체하지 말라 / 메리 몰러(Mary K. Mohler) · 158
73. 증언부언의 기도 / 캐이시 힉스(Kathy Hicks) · 160

74. 살기 위한 죽음 / 헤더 올포드(Heather Olford) · 162
75. 여호와의 집 / 리사 라이켄(Lisa Ryken) · 164
76. 생명의 말씀 / 바바라 휴즈(Barbara Hughes) · 166
77. 날마다 도우시는 은혜 / 노엘 파이퍼(Noël Piper) · 168
78. 그리스도를 바라봄 / 조이스 웹스터(Joyce Webster) · 170
79. 휴식 의자(time-out chair) /
   도로시 켈리 패터슨(Dorothy Kelley Patterson) · 172
80. 호랑이를 보러 가야지 / 캐이시 채플(Kathy Chapell) · 174
81. 최고의 친구 / 진 헨드릭스(Jeanne Hendricks) · 176
82. 온전한 그림 / 수 세일해머(Sue Sailhamer) · 178
83. 빛의 자녀들 / 메리 로우 윗록(Mary Lou Whitlock) · 180
84. 실망하지 않습니다 / 메리 캐시언(Mary Kassian) · 182
85. 사자 우리 / 잰 오틀런드(Jan Ortlund) · 184
86. 수용하는 말 / 캐이시 힉스(Kathy Hicks) · 186
87. 그의 아름다운 덕을 선전하라 / 메리 K. 몰러(Mary K. Mohler) · 188
88. 너희는 가만히 있어 / 캐이시 힉스(Kathy Hicks) · 190
89. '그 느낌' / 조이스 웹스터(Joyce Webster) · 192
90. 남편을 위한 기도 / 리사 라이켄(Lisa Ryken) · 194

글쓴이들 · 196

Devotions for Ministry Wives

1. 축복 받을 준비가 되어 있나요? - 노엘 파이퍼(Noel Piper)

"여호와께서 기다리시나니 이는 너희에게 은혜를 베풀려 하심이요 일어나시리니 이는 너희를 긍휼히 여기려 하심이라 대저 여호와는 공의의 하나님이심이라 무릇 그를 기다리는 자는 복이 있도다"(사 30:18).

아무것도 확신할 수 없었던 대학교 1학년 때조차 나는 "절대로 목회자와 결혼하지 않을 거야!"라고 호언장담했었다. 무엇보다 내 자신이 그럴 만한 그릇도 못 된다고 생각했고, 게다가 목회자의 아내로 산다는 것은 진부한 일이라고 여겼기 때문이다. 나는 즐거운 삶을 살고 싶었던 것이다.

머지않아 나는 미래에 내 남편이 될 사람을 만났다. 그는 의대생이었고, 나는 그 점이 마음에 들었다. 그러나 곧 그는 성경을 공부하기로 결심하고 신학교에 입학하기로 했다. 그 '위험한' 곳을 말이다. 그러나 내겐 남편의 직업보다는, 남편이 하나님께서 나를 위해 선택해 주신 좋은 사람인가가 더욱 중요했다. 어쨌든 그는 목회자가 아니라 교사가 되기로 결심했으므로, 그 점은 괜찮았다.

학업을 마친 후, 그는 한 신학대학에서 성경을 가르쳤다. 그 시절 동안 경험했던 탄생과 죽음, 건강과 질병, 고통과 평안이라는 하나님의 은혜로운 선물들은 내게 단순히 재미있게 사는 것이 삶의 전부가 아니라는 사실을 가르쳐 주었다. 하나님, 그분만이 내가 바라던 전부였다. 하나님과 그분의 길 말이다.

> "절대로 목회자와 결혼하지 않을 거야!"

어느 날 아침, 남편이 물었다. "내가 목사가 되면 어떻겠어요?" '만약 그가 목사가 된다면, 나는 목회자와 결혼한 것이 된다.' 이제 그 점이 맘에 들었다. "이런 날이 올 줄 알았어요. 하나님이 당신을 어디로 이끄시든, 나도 기쁘게 따르겠어요."

어리석게 호언장담했던 대학교 1학년 시절부터 내 삶을 완전히 뒤바꾼 그 질문을 받던 아침까지, 하나님은 15년의 세월을 기다려 주셨다. 그분은 그 세월 동안 나의 마음을 새롭게 빚으시고, 내가 목회자의 아내로서 축복 받을 수 있도록 만드셨다.

긍휼의 아버지 하나님, 저를 새롭게 하셔서 제가 당신을 간절히 바라며, 저를 위한 당신의 계획을 사랑하게 하옵소서. 저를 향한 당신의 계획이 선하며, 제게 비전과 소망을 주시니 감사드립니다. 아멘.

2. 눈보라 속에서 헤맬 때 - 노엘 파이퍼(Noel Piper)

"내가 소경을 그들의 알지 못하는 길로 이끌며 그들의 알지 못하는 첩경으로 인도하며 흑암으로 그 앞에 광명이 되게 하며 굽은 데를 곧게 할 것이라 내가 이 일을 행하여 그들을 버리지 아니하리니"(사 42:16).

『리틀 하우스』라는 책에서 나는 집과 헛간 사이에서도 길을 헤맬 정도의 매서운 폭설에 관한 내용을 읽은 적이 있다. 그러나 나는 실제 생활에서 우리들에게 그러한 폭설이 일어날 것이라고는 전혀 생각하지 못했다.

남편과 나는 강의를 마치고 집으로 가기 위해 남부 다고타의 초원을 가로질러 운전 중이었다. 그런데 사나운 폭풍설로 인해 그 초원의 지평선 모두 하얀 눈보라로 뒤덮이게 되었다. 중앙선, 도로의 갓길, 도랑도 전혀 보이지 않을 정도였다. 우리는 자동차를 길가에 댈 수 없었고, 그 폭설에 묻혀 얼어버릴 지경이었다. 어쨌든 그곳에서 벗어나야만 했다. 그러나 다른 차가 우리 차를 받도록 내버려둘 순 없었다.

우리는 어느 세미트레일러(차의 앞부분을 견인차 뒷부분에 얹게 한 구조의 대형 화물차: 역자 주)에 의해 구조되었다. 그 세미트레일러는 운전석이 매우 높았고, 넓은 지역을 볼 수 있어서 도로푯말이나 방향지시기에 덮인 눈을 쓸어내릴 수 있었다. 우리는 그 세미트레일러 뒤에 붙어서 감사하는 마음과 신뢰하는 마음으로 그 불빛을 바짝 따라갔다. 그 트레일러가 천천히 움직일 때 우리도 천천히 움직였고, 길을 따라 커브를 틀 때, 우리 역시 그렇게 했다.

나는 때로 그런 눈보라 속에 갇힌 것처럼 느낄 때가 있으며, 그때는 일상생활 속에서 익숙한 모든 것들이 다 사라진 듯하다. 그러나 나의 구주이신 예수님은 내가 목적지를 향해 가는 길을 늘 보고 계시며, 굴곡과 돌부리, 사각지대가 펼쳐진 그 길이 오늘도 내 앞에 놓여 있다는 것을 잘 알고 계신다.

> 나의 구주이신 예수님은 내가 목적지를 향해 가는 길을 늘 보고 계신다.

그 초원의 눈보라 속에서 나는 그 세미트레일러에 시선을 고정하고 따라가야만 했다. 다른 차와의 충돌을 피하기 위해서는 다른 선택의 여지가 없었다. 매일 매일의 삶에서 우리 "믿음의 주요 온전케 하시는 이인 예수를 바라보"(히 12:2)고, 그분을 따라가자. 충돌하지 않기 위해서는 그것밖엔 다른 선택안이 없기 때문이다.

사랑의 구주 예수님, 오늘도 폭풍우와 같은 환난에서 저를 구해 주옵소서. 저의 눈과 마음이 오직 당신으로 가득 차게 하시고, 그래서 당신을 기쁨으로 따라가게 하옵소서. 아멘.

3. 주님의 음성 - 조이스 웹스터(Joyce Webster)

"자기 양을 다 내어 놓은 후에 앞서 가면 양들이 그의 음성을 아는 고로 따라오되" (요 10:4).

"오늘밤 같이 영화 보러 갈래요?"라고 그가 전화로 물었다. 내가 누구인지 알면 그가 놀랄 것을 알면서도 나는 그 제안을 기쁘게 받아들였다. 내 목소리를 딸애의 목소리로 착각하고 데이트 신청을 했다는 것을 알고 나서 더듬거리는 딸애 친구의 목소리를 들으며 나는 다시 한번 재미있어 했다.

"그의 음성을 아는 고로 따라오되"라고 하신 예수님의 말씀은 우리와 우리 목자 사이의 친밀한 관계를 보여 주신 것이다. 우리는 사기꾼에게 속지 않기 위해 그분을 잘 알아야 할 필요가 있다. 세상엔 그럴 듯하게 들리는 목소리들이 많지만, 그렇다고 해서 다 따라가서는 안 된다. 우리는 하나님의 목소리와 너무나도 비슷한 소리들에 귀를 기울이게 될 수도 있다.

나는 사역자의 아내로서, 선하고 많은 도움을 줄 수 있는 돌봄의 손길로 나를 부르시는 목소리를 듣는다. 나로 하여금 교회에서 새로운 프로그램을 시작하고, 아픈 이웃을 위해 식사를 준비하고, 마음 아파하는 친구를 위로해 주고, 내 아이들을 돌보고, 남편에게 사랑을 표현할 것을 말씀하시는 분은 누구인가? 내게 주어진 시간과 에너지와 능력의 한계 속에서 무슨 일을 할 것인지 어떻게 결정할 수 있는가? 나는 다른 모든 것들 속에서 하나님의 음성을 구별해 내야 한다. 내겐 성경이 바로 하나님의 말씀이다. 다른 모든 것과 구별되는 하나님의 음성이 그분의 말씀을 통해 내 마음에 새겨진다. 확신을 가지고 행동하기 위해서는 목자의 독특한 음성에 귀를 기울여야 한다. 그렇게 하면 올바른 것을 위해서 선한 일을 실천할 수 있다. 오직 그분의 음성을 들을 때만이 나를 위한 그분의 선한 목적을 이룰 수 있을 것이고, 목자를 더 잘 알게 될수록 그분의 음성을 더 잘 들을 수 있게 된다.

> 나는 다른 모든 것들 속에서 하나님의 음성을 구별해 내야 한다.

하나님 아버지, 제게 오직 당신의 음성만을 들을 수 있는 귀를 허락하옵소서. 당신의 음성을 잠식해 버리는 부적절한 욕구의 큰 음성과 속삭이시는 당신의 세밀한 음성의 차이를 깨달을 수 있도록 분별력을 주옵소서. 당신의 음성을 들려주옵소서. 제가 따르겠나이다. 아멘.

4. 결혼생활의 회복 - 도로시 켈리 패터슨(Dorothy Kelley Patterson)

"그러므로 어디서 떨어진 것을 생각하고 회개하여 처음 행위를 가지라"(계 2:5).

결혼은 가장 큰 행복을 가져다주기도 하지만, 가장 끔찍한 도전들을 던져 주기도 한다. 사역하는 이들은 사생활이 전혀 보장되지 않는 어항 속에 살고 있는 듯하다. 바로 우리가 그 실례가 될 수 있으며, 그렇기 때문에 삶의 방식에 있어서 신중해야 한다. 모든 사람들의 이목이 우리에게 집중되어 있으며, 우리 삶에 대한 평가의 말들도 그리 멀리 있지 않다. 실수는 부풀려지고, 선한 행동은 과소평가된다. 당신과 남편 모두 이런저런 방향으로 이끌려가면서, 처음에 가졌던 열정과 새로운 창조성을 사역 현장에 다 빼앗긴 채, 자녀와 부부 서로에게는 찌꺼기 같은 열정만 남아 버렸을 수도 있다.

회복을 위한 공식은 단순하고 그 누구에게나 적용될 수 있는 것이다. 먼저 처음에 왜 서로를 선택하게 되었고, 서로의 필요를 채워 주기 위해서 얼마나 노력했는지를 기억해 보라. 당신과 남편이 서로 사랑했던 모습을 떠올릴 수 있는가? 그런 다음 친밀한 사랑을 나누지 못했던 것을 깨닫고, 남편과의 관계를 파괴할 수도 있는 무관심과 냉담함을 버릴 것을 결심하라. 마지막으로 처음에 했던 일, 즉 처음 만났을 때처럼 서로를 소중하게 사랑해 주도록 하라. 결혼생활에는 시간과 창조성, 에너지를 투자해야 한다. 배우자 중 한 사람이 이러한 열정적인 헌신을 다할 때, 다른 한쪽도 그러한 관계의 중심으로 들어올 수 있게 될 것이다.

> 당신과 남편 모두 이런처럼 방향으로 이끌려가게 된다.

하늘에 계신 아버지, 제 일의 우선순위를 잊지 않도록 하옵소서. 제 마음의 죄를 깨닫게 하시고, 첫 사랑의 열매를 기억하게 하시며, 무관심과 냉담함으로부터 저를 벗어나게 하옵소서. 제 결혼생활을 더욱 강하고, 활기 넘치게 하는 첫 열정을 회복하게 하셔서, 이로 말미암아 제 사역이 더욱 강건해지게 하옵소서. 아멘.

사모가 사모에게

5. 정상을 향하여 - 캐이시 채플(Kathy Chapell)

"지존자의 은밀한 곳에 거하는 자는 전능하신 자의 그늘 아래 거하리로다 내가 여호와를 가리켜 말하기를 저는 나의 피난처요 나의 요새요 나의 의뢰하는 하나님이라 하리니"(시 91:1-2).

아이들이 어렸을 적, 나는 자주 아이들을 데리고 공원에 갔다. 그 공원에서 가장 재미있었던 것은 거친 통나무로 만든 큰 구조물 타기였다. 어느 날 우리의 귀염둥이 코리가 그 구조물의 꼭대기까지 올라가겠다고 결심했다. 그 목재 버팀목들은 코리의 고사리 같은 손에 비하면 너무나 거대했다. 그리고 사닥다리와 같은 구조물의 가로대는 딸아이의 짧은 다리로 밟아 오르기에는 폭이 엄청났다. 그러나 코리는 한 단계 그리고 그 다음 단계로 그리고 세 번째 단계까지 올라갔다. 마침내 자신이 얼마나 높이 올라왔는지를 깨닫고서, 코리는 나를 소리쳐 불렀다. 나는 코리가 떨어지지 않기를 바라는 마음으로 딸아이 뒤로 올라가서, 바로 뒤에 발을 딛고 손으로 팔을 잡았다. 그리고는 딸아이에게 말했다. "코리, 올라가자! 떨어지지 않을 거야." 마치 새끼 거미가 어미 거미에게 감싸인 모습으로 우리는 결국 꼭대기까지 오를 수 있었다.

우리가 인생의 정상을 향해 올라갈 때도 하나님은 이와 같은 방법으로 우리를 감싸 안으신다. 그분의 두 팔은 우리를 감싸고, 그분의 확실하고도 꾸준한 발걸음은 우리의 바로 아래에서 받쳐 준다. 그분은 우리가 떨어지도록 내버려두시지 않는다. 정상을 향하는 길이 너무 가파르게 느껴지고, 우리가 의지하는 버팀목들이 너무 거칠게 느껴질 때도 있을 것이다. 그러나 하나님은 항상 거기 계셔, 그분의 사랑으로 우리를 감싸 주신다. 하나님께는 우리로 하여금 정상을 정복하게 하고도 남을 만한 충분한 능력이 있으시다.

> 정상을 향하는 길이 너무 가파르게 느껴지고, 우리가 의지하는 버팀목들이 너무 거칠게 느껴질 때도 있을 것이다.

하나님 아버지, 당신이 저와 가까이 계신 것을 아는 것만으로도 제게 큰 힘이 됩니다. 인생의 여정에서 정상을 향해 어떻게 올라가야 하는지를 보여 주시고, 저를 감싸시는 당신의 사랑을 느낄 수 있도록 도와주옵소서. 아멘.

6. 나는 못났어 - 진 헨드릭스(Jeanne Hendricks)

"우리의 죄를 따라 처치하지 아니하시며 우리의 죄악을 따라 갚지 아니하셨으니 이는 하늘이 땅에서 높음 같이 그를 경외하는 자에게 그 인자하심이 크심이로다" (시 103:10-11).

중국 태생인 리앙은 온전하지 못한 얼굴을 가지고 태어났다. 그래서 그녀의 부모님은 리앙을 버렸다. 할머니가 잠시 맡아 키웠으나, 전체 마을 사람들이 이 흉측하게 생긴 어린 소녀를 거부할 것이라는 사실을 곧 알게 되었다. 그래서 할머니는 그 지역의 관습에 따라 리앙을 길에서 죽도록 내버려두어야겠다고 결심했다. 리앙은 어떤 생각을 했겠는가. '나는 못났어.' '아무도 나를 쳐다보지 않아.' '나는 내 자신이 싫어.' '나는 아무짝에도 쓸모없기 때문에 곧 버림받고 말 거야.'

그러던 어느 날, 리앙의 할머니는 손상된 얼굴을 수술하는 데 전문가인 한 미국인 의사가 마을에 온다는 소식을 들었다. 할머니는 그 어떤 것도 리앙에게 도움이 되지 않을 것이라고 생각했지만, 최소한의 시도를 해보게 되었다.

현재 리앙은 기적의 대명사가 되었다. 그녀는 그 의사로부터 하나님이 자신을 사랑한다는 사실과, 바로 하나님께서 그 의사에게 자신의 얼굴을 온전하게 할 능력을 주셨다는 사실을 알게 되었다.

비록 외모에 아무런 손상은 없지만 내적으로 자신을 증오하는 캐이시가 있었다. 어느 늦은 밤, 캐이시는 내게 전화를 걸어 곧 수면제를 먹고 자살을 시도할 것이라고 말했다. 나는 그때, 하나님은 나보다 훨씬 더 중요하신 분이므로 그것을 하나님께 말하라고 그녀에게 부탁했다. 그녀는 곧 울기 시작했고, 나는 그녀가 하나님께 얼마나 중요한 사람인지를 확신시켜 주기 위해 성경 몇 구절을 부드럽게 말해 주었다. 현재 캐이시는 전문직업인으로 멋지게 일하고 있지만, 또 다른 이들, 비슷한 부정적인 말을 했던 마티와 같은 사람들은 자신의 목숨을 앗아가 버렸다.

우리가 사는 세상 곳곳에는 자신은 쓸모없고, 무가치하다고 확신하고 있는 자기 파괴적인 성향의 젊은 여성들이 많다. 당신의 주변에 하나님은 진실로 당신을 돌보고 계시다는 사실을 확신시켜 주고, 하나님께서 성경의 어느 부분에서 그렇게 말씀하고 계신지를 알려 주면서 당신과 함께할 수 있는 '언니'와 같은 존재가 있다면, 그것은 실로 당신이 가질 수 있는 엄청난 선물임에 틀림없을 것이다.

주님, 자기 비하 속에서 힘들어하는 많은 젊은 여성에게 당신이 주시는 확신의 말씀을 전할 수 있도록 제 입을 열어 주옵소서. 아멘.

7. 애처로운 목사의 아내 - 수 세일해머(Sue Sailhamer)

"보라 내가 너희를 보냄이 양을 이리 가운데 보냄과 같도다 그러므로 너희는 뱀같이 지혜롭고 비둘기같이 순결하라"(마 10:16).

당신은 목사의 아내라는 사실을 인정하기 싫었던 경험이 있는가? 나는 때로 사람들이 목사의 아내들을 오해하여 붙인 이상한 꼬리표를 보면 머리카락이 곤두서곤 한다.

나는 결혼 후 몇 년 동안 마을 방범대 모임에 참가했다. 신혼집을 막 마련한 후였기 때문에 나는 그렇게 하면 이웃 사람들을 사귈 수 있을 거라고 생각했다. 모임이 있던 어느 날, 남편은 교회에서 또 다른 모임이 있었기 때문에 나 혼자 참석하게 되었다. 나는 그날, 슬픔을 가지고, 그러나 더 현명한 목사의 아내와 이웃이 되어서 집으로 돌아왔다.

그날 나는 우리 구역에 심각한 갈등이 있다는 사실을 알게 되었다. 타이어는 찢겨지고, 창문을 통해 벽돌이 날아오는 등 악한 행동에 대한 복수의 악순환이 이어지고 있었던 것이다. 나는 내가 우리 마을의 잘 정돈되어 있는 평화로운 마당 너머로 무슨 일이 벌어지고 있는가를 알게 되었을 때, 얼마나 놀랐던가를 아직도 기억하고 있다.

그 모임을 떠날 무렵, 한 여자가 내게 남편이 무슨 일을 하느냐고 물었다. 내가 그녀에게 목사라고 말했을 때 나는 그녀가 했던 말을 결코 잊을 수가 없다. 그녀는 "듣지 말아야 할 걸 들으셨네요."라고 말했다. 그녀는 내가 이웃 사람들의 시시콜콜한 얘기를 들은 것에 대해 놀란 눈치였다.

> 목사의 아내인 우리는 남편과 함께 이러한 짐들을 나눈다.

그녀가 생각했던 것처럼 목사의 아내는 세상의 추하고 자질구레한 것들을 잘 모를 것이라는 편견은 이 세상에 비일비재하다. 목사는 사람이 살아가면서 짓는 죄로 인한 결과를 잘 다룰 수 있도록 돕고 있다. 그리고 목사의 아내인 우리들은 남편과 함께 이러한 짐들을 나눈다.

시간이 흐르면서 나는, 진정 중요한 것은 다른 사람이 나에 대해 어떻게 생각하느냐가 아니라 하나님이 내가 누구인지를 알고 계시다는 사실임을 깨달았다. 그것이야말로 진정 그 무엇보다 중요한 것이다.

주님, 당신께서 저에 대해 잘 알고 계심을 감사드립니다. 다른 사람들이 저를 바라보는 잘못된 시각에서 벗어날 수 있도록 도와주시고, 제가 당신이 바라시는 여성이 될 수 있도록 은혜를 베풀어 주옵소서. 아멘.

8. 순례자의 길 - 메리 로우 윗록(Mary Lou Whitlock)

"그러므로 형제들아 내가 하나님의 모든 자비하심으로 너희를 권하노니 너희 몸을 하나님이 기뻐하시는 거룩한 산 제사로 드리라 이는 너희의 드릴 영적 예배니라" (롬 12:1).

존 번연의 아름다운 고향인 베드포드(Bedford)는 우스 강변에 위치해 있다. 영국의 그 예쁜 마을을 여행했던 기억은 내 맘속에 새겨져 지워지지 않는다. 지금은 유명한 교회가 된 번연의 집 주위를 걸으면서 나는 『천로역정』의 주요 장면들이 아름답게 그려진 스테인드글라스로 된 창문을 볼 수 있었다. 그것을 보면서 그 작품의 내용을 더욱 분명하게 떠올릴 수 있었고, 그가 겪었던 인내의 발자취와 그 깊이에 다시 한번 놀라움을 금치 못했다.

1648년, 존 번연은 오랜 영적 방황 끝에 아내에게 있던 기독 서적들을 몇 권 읽기 시작했다. 가지고 있던 의문들에 대한 해답을 찾던 그는 결국 1653년에 구원의 확신을 가지게 되었다. 신자가 된 이후로 번연은 열정적으로 설교하기 시작했고, 어디를 가든지 설교를 쉬지 않았다. 그러나 기존 교회의 문제점을 지적하는 설교로 인해 투옥되고 말았다. 감옥에서 설교할 수는 없었기 때문에 그는 글을 쓰기 시작했다. 이렇게 해서 탄생한 그의 훌륭한 고전들은 오늘날에도 수천 명의 독자들을 감동시키고 있다.

이 신실한 사람에게서 무엇을 배울 수 있을까? 감옥의 높은 벽들도 최선을 다해 하나님을 섬기고자 하는 그를 가두어 놓을 수는 없었다. 번연은 가만히 앉아서 법적이든 불법적이든 탈옥하려는 계획을 꾸미지 않았다. 대신 그 당시 그가 할 수 있는 최선의 방법으로 그에게 있는 은사를 사용하기 시작했다. 시간도, 재능도 낭비하지 않았다. 번연은 주어진 환경 속에서 그의 은사를 열정적으로 사용한 것이다.

> 감옥의 높은 벽들도 최선을 다해 하나님을 섬기고자 하는 그를 가두어 놓을 수는 없었다.

주변 환경이 하나님을 섬기고자 하는 당신의 목표를 방해하도록 그대로 내버려둘 것인가? 사람에 의해서, 단체에 의해서, 재정과 시간의 부족으로 인해서, 우리의 주도성과 동기의 부족으로 인해서 당신이 세운 계획이 뒤로 밀려난 적이 있는가? 사탄은 우리가 목적과 목표를 상실하도록 우리의 시야를 현혹시킨다. 지금, 우리에게 있는 모든 것으로 구주 예수님을 섬기고자 최선의 노력을 다하자.

주님, 제가 가진 모든 것들과 은사가 당신의 목적을 위해 사용되고, 당신의 영광을 드러낼 수 있도록 도와주옵소서. 아멘.

9. 독수리의 날개 - 메리 캐시언(Mary Kassian)

"나의 애굽 사람에게 어떻게 행하였음과 내가 어떻게 독수리 날개로 너희를 업어 내게로 인도하였음을 너희가 보았느니라"(출 19:4).

때때로 하나님이 가까이 계시지 않는다고 느낄 때가 있다. 우리에게는 볼 수 있는 눈이 있지만, 그분을 볼 수는 없다. 이스라엘 백성들도 이처럼 느꼈을 것이다. 점점 늘어나는 노역으로 고통 받았던 그들(출 5:19-22)이 하나님이 옆에서 도와주고 계신다고 생각했을 리 만무하다. 바로와 그 병거들이 뒤를 바짝 따라와 곧 죽게 될 것이라고 생각했을 때, 그리고 광야에서 굶어 죽게 되었다고 불평했을 때(출 14:10-12, 16:2-3)에도 하나님을 볼 수 없었을 것이다. 그러나 주님은 "독수리 날개로 너희를 업"을 것이라고 다시 한번 일러주신다.

하나님께서 왜 자신의 행사를 독수리에 비유하셨는지 궁금해 본 적이 있는가? 독수리는 거대한 나무 꼭대기나 높은 암벽에 둥지를 튼다. 새끼가 처음 날기 시작할 때가 되면, 어미 독수리는 새끼를 둥지 가장자리로 이끌어낸 뒤 둥지 밖으로 밀어낸다. 새끼 독수리가 움직이기를 거부하면, 어미 독수리는 둥지를 마구 흔들어서라도 새끼를 떨어뜨린다.

이 첫 비행에서 새끼 독수리는 망연자실한 모습으로 날개를 퍼덕이면서 곧장 아래로 곤두박질친다. 그러나 어미 독수리가 그 밑으로 재빨리 내려가 그 강력한 날갯짓으로 자신을 보호하고 있다는 것을 깨닫지는 못한다. 그 날갯짓의 상승기류로 말미암아 새끼는 더 추락하지 않고 위로 떠서, 마침내 날 수 있게 된다. 비록 새끼 독수리의 눈에는 보이지 않지만, 어미 독수리의 존재와 그 강한 힘이 새끼의 안전을 보장해 주는 것이다.

> 내가 독수리 날개로 너희를 업어 내게로 인도하노라.

하나님은 독수리의 날개로 우리를 업으신다. 비록 우리가 둥지 밖으로 밀려나 절망적으로 날개를 퍼덕이고 있는 것처럼 생각될지라도, 하나님은 바로 거기 계셔, 독수리처럼 우리를 업으신다. 보이지는 않으나, 그분의 힘과 능력이 우리 아래서 우리를 지키시고, 보호하시고, 날게 하시는 것이다.

사랑의 하나님 아버지, 독수리의 날개로 저를 업어 주심을 감사드립니다. 또한 삶의 고통스러운 환경과 도전 속에서 저를 붙드시는 당신의 사랑과 능력, 힘을 의지하게 하심을 감사드립니다. 당신의 변치 않는 임재 속에서 비행할 수 있는 방법을 가르쳐 주옵소서. 아멘.

10. 너희 자손이 알게 되리라 - 잰 오틀런드(Jan Ortlund)

"여호와의 영예와 그의 능력과 기이한 사적을 후대에 전하리로다…이는 저희로 후대 곧 후생 자손에게 이를 알게 하고 그들은 일어나 그 자손에게 일러서"(시 78:4,6).

나는 내 어린 시절, 레이크 해리엇 침례교회(Lake Harriet Baptist Church) 주일학교 선생님들 – 브라운 선생님(Miss Brown), 하틸 선생님(Mrs. Hartill), 번선 선생님(Mrs. Berntsen) – 이 기억난다. 그분들은 매주일 주님의 능력과 기사들에 관하여 신실하게 가르쳐 주셨다. 선생님들이 가르쳐 주셨던 위대한 성경의 이야기들, 선교사들의 이야기, 성경 암송과 영원한 진리들은 내 삶의 모습을 조각하고, 결국 나의 자녀들과 손주들의 인생까지도 조각해 놓았다.

교회의 어린이들에게 진리를 전해 줄 수 있는 소중한 특권을 놓치지 않도록 하라. 주일학교는 단순한 놀이방이 아니다. 주일학교는 "주께서 행하신 능력과 기이한 사적을 다음 세대에 전해 줄 수 있는" 완벽한 기회가 존재하는 곳이다.

당신에게 지식과 경험이 부족하다고 변명하려는 유혹을 뿌리치라. 아이들은 당신을 필요로 하고 있다. 만약 당신에게 아무것도 나눌 것이 없다면, 그저 그러한 마음을 들고 하나님께 나아가라. 하나님과 가까이 하지 못했음을 회개하고, 그분께 기적과 능력, 그리고 기이한 사적을 보여 주실 것을 구하라. 그런 다음 진리를 전파하라.

> 선생님들이 가르쳐 주셨던 영원한 진리들은 내 삶의 모습을 조각하고, 결국 나의 자녀들과 손주들의 인생까지도 조각해 놓았다.

다음번에 교회의 아이들이 누군가 자신들을 인도해 줄 이를 필요로 할 때, 그러한 도전을 받아들이라. 당신의 희생은 그만한 가치를 발할 것이다. 최근 내 아들이 이런 글을 보내왔다. "어떤 희생이 결실을 맺기까지 수십 년을 기다려야 할지도 모른다는 생각이 듭니다." 그러나 우리는 모든 것을 기억하시는 하나님을 섬기고 있지 않은가(히 6:10). 진리를 전파하라.

하나님 아버지, 저의 메마르고 나태한 마음이 부끄럽습니다. 변화되길 원합니다. 도와주소서. 부족하나마 저의 노력을 사용하셔서 앞으로 강하고 신실한 크리스천들을 배출해 내게 하소서. 예수님의 이름으로 기도드립니다. 아멘.

11. 가족의 소명 - 폴릿 워싱턴(Paulette Washington)

"모든 것이 하나님께로 났나니 저가 그리스도로 말미암아 우리를 자기와 화목하게 하시고 또 우리에게 화목하게 하는 직책을 주셨으니"(고후 5:18).

우리 모두가 화해의 사역에 동참하도록 부름 받았지만, 그중 어떤 이들은 인종간의 화해를 위한 특별한 소명을 받았다. 사역의 길로 부르신 하나님의 소명을 깨닫는 것은 나와 남편의 미래 사역에 절대적 초석이 되었다. 하나님께서 롤리(Raleigh)의 삶에 주신 소명을 알게 됐을 때, 그분께서 그가 사역을 하도록 준비시키시는 것을 보고 기쁨을 감출 수 없었다. 나는 롤리가 잘 준비될 수 있도록 내가 할 수 있는 최선을 다하고자 했다.

사역 준비 기간 동안 겪었던 여러 가지 시련 속에서 나를 지탱하게 했던 것은 다름 아닌 소명 의식이었다. 그 소명 의식으로 말미암아 우리는 우리의 시야 저쪽의 목표를 바라볼 수 있었고, 하나님의 도움의 손길을 발견할 수 있었다.

혹 당신은 당신의 사역에 주어진 소명 의식을 잃어버렸는지도 모른다. 오늘 하루, 잠시 시간을 내어 하나님께서 당신과 남편에게 주신 소명을 깨달았을 때를 회상해 보라. 모세가 이스라엘 백성들로 하여금 하나님께서 그들과 동행했던 역사를 기억하게 하고, 이로써 이스라엘 백성들이 하나님을 위해 위대한 일을 할 수 있었던 것은 결코 우연이 아니다. 하나님께서 그들을 부르셨다는 소명 의식이 이스라엘 백성들을 강하게 만든 것이다.

> 나를 지탱했던 것은 다름 아닌 소명 의식이었다.

우리 역시 이와 같은 일을 해야 할 때가 있다. 바로 우리의 사역에 주신 소명을 기억하고 더욱 강하게 하는 일이다. 그 소명의 결과로 하나님께서 당신의 삶에 어떤 일을 하셨는지 바라보라. 이는 당신이 지금까지 어떤 길을 걸어왔는지, 그리고 하나님께서 당신을 어디로 인도하고 계신지를 발견하게 하는 의미 있는 지표가 될 것이다.

하늘에 계신 아버지, 남편과 저를 당신의 사역으로 불러 주셔서 감사드립니다. 저로 하여금 지금까지 당신을 섬길 수 있도록 하기 위해 당신께서 과거에 행하신 일들을 기억하고 되새길 수 있도록 도와주옵소서. 아멘.

12. 친절은 가정에서 시작된다 - 메리 K. 몰러(Mary K. Mohler)

"누구든지 자기 친족 특히 자기 가족을 돌아보지 아니하면 믿음을 배반한 자요 불신자보다 더 악한 자니라"(딤전 5:8).

"이 케이크, 손님들 거예요, 아니면 우리 거예요?" 내가 초콜릿 케이크 위에 마지막 장식을 놓았을 때 열 살 난 딸이 희망 가득한 눈망울로 물었다. 나는 "이번에는 엄마가 케이크 두 개를 만들었으니 우리가 먹을 것도 충분할 거야."라고 기쁘게 말할 수 있었다.

남편과 나는 매년 1500명 이상의 손님들을 집으로 초대하여 대접한다. 우리 아이들은 우리 집에 초대되었던 많은 손님들과의 잊을 수 없는 추억들을 간직한 채 성장할 것이다. 우리는 우리 아이들이 친절하게 손님들을 대접하는 사람들이 되기를 소망한다. 사람들을 환대하는 것은 모든 믿는 이들에게 주어진 성경의 명령과도 같다. 그러나 디모데전서 5장 8절의 강력한 말씀을 잊을 수가 없다. '친절은 곧 가정에서 시작하는 것'이라는 말씀을 우리는 마음에 새겨야 할 것이다. 하나님께서 우리에게 주신 소중한 가족들이 가정에서 환영 받고, 인정 받으며, 무조건적으로 사랑받고 있다고 느끼지 못한다면, 우리 가정 역시 다른 사람들에게 친절히 환대할 수 있는 가정이 되지 못할 것이다. 만약 우리의 가정이 특별한 음식, 멋진 테이블 차림, 손님들에게 보여 주기 위한 실내 장식에만 신경을 쓴다면, 이것이 주는 메시지는 분명하다. 손님들만이 특별한 대우를 받을 만하다는 것이다. 그러나 실상은 그렇지 않다. 더욱이 우리의 태도가 손님들에게는 상냥하고 친절하지만, 우리의 가족들에게는 귀찮아하고 힘들어하는 모습을 보인다면, 이는 분명 잘못된 메시지를 크고 분명하게 전달하는 것밖에는 되지 못할 것이다.

> 우리 아이들은 우리 집에 초대되었던 많은 손님들과의 잊을 수 없는 추억들을 간직한 채 성장할 것이다.

당신의 가족 모두가 존중 받고 있다고 느낄 수 있는 분위기를 창출하고, 소중한 추억들을 만들라. 그리고 가족들이 먹는 일상적인 음식을 준비하는 모든 시간도 귀하게 여기라. 당신의 가족 모두가 가정 내에서 보배롭게 여겨지고 있다고 느낄 때, 이웃들과도 더 많은 온정을 나눌 수 있을 것이다.

주님, 우리가 다른 사람들을 향해서 손을 뻗칠 때, 당신께서 우리에게 주신 소중한 가족들에게도 관심 갖는 것을 잊지 않도록 인도하옵소서. 예수님의 이름으로 기도드립니다. 아멘.

사모가 사모에게

13. 훈련인가 낙심인가 - 캐이시 힉스(Kathy Hicks)

"무릇 징계가 당시에는 즐거워 보이지 않고 슬퍼 보이나 후에 그로 말미암아 연달한 자에게는 의의 평강한 열매를 맺나니"(히 12:11).

한 사람의 젊은 여성으로서 나는 신실한 여성 설교자들을 동경하고, 그들이 그랬던 것처럼 나 또한 다른 사람들의 영혼을 감동시킬 수 있는 사역을 할 수 있기를 바랐다. 몇 년 동안 십대들을 위한 세미나와 소그룹에서 성경 공부를 인도하고 있었을 때, 마침내 어머니와 딸들을 위한 집회에서 강연할 기회를 얻게 되었다. 내 친구와 내가 프로그램 진행을 맡았고, 우리 모두 강연을 잘 해낼 수 있다고 생각했다. 결국 그곳에 모인 어머니와 딸들 대부분이 하나가 되는 것에 큰 관심을 가지게 되었다. 그들이 필요로 했던 것은 유명한 연사가 아니었다. 그렇기에 우리는 그 강연의 내용에 서로 공감할 수 있었다.

집회는 순조롭게 진행되었다. 적어도 우리가 집회에 대한 평가서를 읽기 전까지는 말이다. 대부분의 평가서가 좋은 내용이었으나, 그중 하나가 나를 지목하더니, 다소 개인적으로 나를 비난하는 메시지를 담고 있었다. 거기엔 다른 여러 비판들과 함께 "교만함," "영적 회복이 필요함"이라고 씌어 있었다. 나는 매우 절망했다. 내 친구는 그 여자는 기본 상식도 없는 사람이며, 아마 내가 강연 중 그녀의 개인적인 문제와 관련된 주제를 거론했기 때문에 그랬을 것이라고 말하면서 나를 위로했다. 사람들은 "잊어버려. 마음에 새겨둘 필요 없어."라고 말했지만, 나는 그럴 수 없었다.

> 모든 진정한 사역은 오직 하나님의 능력을 통해서만 이루어진다.

이것이 하나님의 훈련일까? 아니면 사탄이 주는 낙심일까? 나는 '나는 결코 훌륭한 연사가 될 수 없을 거야.'라는 생각과 '주님, 그녀가 옳은 건가요? 당신이 그녀를 통해 말씀하신 건가요?' 라는 생각 사이에서 방황했다.

이제야 나는 사탄도 하나님도 그 가치 없는 평가를 사용하셨음을 깨닫는다. 나는 사탄이 나를 낙담케 하고, 그래서 나로 하여금 다른 여러 일들에도 하나님을 신뢰하지 못하도록 했던 일들을 그냥 내버려 두었다. 그리고 하나님은 그 일을 통해 내게 겸손을 가르치셨다.

하나님께서 다른 기회들을 주실 때마다 나는 이 기억을 떠올리며 그분을 더욱 의지하게 되었고, 모든 진정한 사역은 오직 그분의 능력을 통해서만 이루어질 수 있다는 것도 깨닫게 되었다.

주님, 당신의 사역에 합당한 사람이 되도록 사랑으로 저를 훈련해 주심을 감사드립니다. 또한 당신의 손에 들린 도구가 될 수 있는 특권을 주심도 또 감사드립니다. 당신만이 그 사역을 성취하시는 분임을 결코 잊지 않게 하옵소서. 아멘.

14. 나눔의 사역 - 헤더 올포드(Heather Olford)

"서로 대접하기를 원망 없이 하고"(벧전 4:9).

당신은 신약성경이 환대에 대해 얼마나 강조하고 있는지 생각해 본 적이 있는가? 우리의 가정을 환대의 장소로 사용하기 전에 나는 먼저 두 가지 질문을 던져 보고자 한다. 내 가정은 사람들을 대접하기에 너무 초라한가 아니면 너무 화려한가?

어떤 주부들은 자기 집에 너무 강한 자부심을 가지고 있는 나머지 손님들을 대접한다는 생각만 해도 공포에 휩싸이게 된다. 누가 어떤 물건을 깨뜨리면 어떡하나, 카펫에 얼룩이 지면 어떡하나 하고 안절부절못하는 것이다. 나는 집안을 잘 돌보지만, 그것에 노예가 되어서 손님들을 대접하는 즐거움과 그들과 나누는 친교를 거부하게 되기를 원치 않는다. 반면 어떤 사람들은 손님들에게 깊은 인상을 심어 줄 수 있는 것들을 가지고 있지 못하다고 생각한다. 그러나 우리는 우리의 친구들과 손님들이 눈에 보이는 그 무엇이 아니라 참된 영적 교제와 우정을 바라고 있다는 사실을 까맣게 잊고 있다. 그들은 다름 아닌 그 가정의 따뜻함과 화목을 음미한다. 손님들을 환대하는 것은 쌍방향으로 이루어진다. 즉 우리가 우리 가정을 방문하는 사람들을 축복하고 도와주기도 하지만, 그들 역시 우리와 우리 가족들에게 오랫동안 지속되는 유익함을 남긴다는 말이다.

> 우리의 친구들과 손님들은 눈에 보이는 그 무엇이 아니라 참된 영적 교제와 우정을 바라고 있다.

어린 시절, 나는 우리 집을 방문하셨던 선교사님들과 목사님들로부터 깊은 영적 감명을 받았다. 그들은 우리 집을 찾아왔던 천사들(히 13:2)이었을 것이다. 우리가 목사관에 있었을 때 우리 가정에서도 이러한 일들이 일어났다. 우리는 많은 하나님의 종들뿐만 아니라 영적인 도움이 필요한 사람들과도 우리 집을 함께 나눴고, 우리는 그들에게, 그들은 우리에게 축복된 존재가 되었다!

주님, 저의 가정이 낯선 자들에게는 피난처가 되게 하시고, 성도들과 가족들과 친구들에게는 천국이 되게 하옵소서. 아멘.

15. 어디에서나 만족하는 비결 - 리사 라이켄(Lisa Ryken)

"지족(知足)하는 마음이 있으면 경건이 큰 이익이 되느니라"(딤전 6:6).

나의 아버지는 산부인과 의사였기 때문에 다른 사람들과 같이 정상적인 업무 시간에 일하시는 분이 아니었다. 아버지는 낮이건 밤이건 일과 외의 시간에도 왕진을 가셨으며, 이것은 목회 사역을 하는 사람의 일과와 많이 비슷했다. 내 남편은 주말에 일하며, 가끔은 이른 아침 혹은 매우 늦은 밤에도 일을 한다.

매우 신실하신 나의 어머니는 "남편이 집에 있든 없든 항상 만족해야 한단다."라고 조언해 주셨다. 이는 사도 바울이 빌립보서 4장 11절에서 "어떠한 형편에든지 자족하기를 배웠노라."라고 권고한 것과 비슷하다. 일로 집을 자주 비우는 남편으로 인해 분노하고 화를 내면, 결국 남편과 하나님을 불평하게 되기 쉽다. 남편이 갑작스레 병원 심방을 가야 하거나, 예상치 못했던 장례식을 집례해야 하거나, 혹은 주일 설교 말씀 준비가 평소보다 길어질 때, 기쁜 마음으로 만족해야 하는가 아니면 분노를 억지로 참고 있어야 하는가? 나는 남편을 돕는 배필로서, 그가 하는 일들을 격려해 주어야 한다.

아이들이 "아빠는 어디 있어요?"라고 물을 때, 나는 어떻게 대답해야 할까? 보통 여기에 대답하는 나의 태도가 아이들의 반응까지 좌우한다. 만약 내가 남편이 토요일 아침 회의에 참석한 것을 두고 화를 냈다면, 아이들 역시 아빠가 자기들과 놀아 주지 못하는 것에 대해 화를 낼 것이 분명하다. 신실한 어머니, 그리고 역할 모델이 되기 위해서 나는 아이들에게 이에 대해 기쁜 마음으로 대답해 주어야 한다. 남편이 교회 사무실로 나가 보아야 하는 것에 대해 화를 내기보다는, 그의 사역이 더 생산적이고 기쁜 일이 될 수 있도록 기도해야 할 것이다. 이러한 태도를 가짐으로써 만족하는 법을 배우고, 신실한 자세를 견지하며, 남편과 그의 사역을 사랑할 수 있게 될 것이다.

> 일로 집을 자주 비우는 남편으로 인해 분노하고, 화를 내면 결국엔 남편과 하나님을 불평하게 되기 쉽다.

주님, 남편에게 주신 사역으로 인해 감사드립니다. 아내로서 그리고 어머니로서의 소명을 당신께 드립니다. 남편을 사역의 현장으로 부르실 때 화를 냈던 저를 용서하여 주옵소서. 그리고 모든 것에 만족하는 자가 되게 하소서. 아멘.

16. 듣는 것은 값진 일이다 - 바바라 휴즈(Babara Hughes)

"너는 하나님 전에 들어갈 때에 네 발을 삼갈지어다 가까이 하여 말씀을 듣는 것이…" (전 5:1).

사람들의 말을 듣는 것이 얼마나 어려운지 생각해 본 적이 있는가? 강연과 같은 말은 더욱 듣기 힘이 든다. 파워포인트를 사용한다 하더라도 그다지 나아지는 것은 아니다. 한 승무원이 시카고에서 클리브랜드로 가는 비행기 안에서 안내방송을 했다. "산소마스크가 내려올 때, 배꼽에 정확히 고정시키십시오." 그러나 그 아무도 쳐다보지조차 않았다. 어떤 도움도 받지 않고, 방해 받지도 않으면서 잘 경청하는 것이 값진 것이다.

하나님의 말씀은 우리가 하나님의 성소로 나아갈 때 그 걸음걸음을 안내해 준다. 이것은 우리가 귀를 열고 조심스럽게 경청할 것을 의미한다. 당신이 바쁘거나 지칠 때, 혼란스러워하거나 지루해할 때, 교회에서 말씀을 경청하는 것은 힘든 일이다. 그럼에도 불구하고 우리는 선포되는 하나님의 능력의 말씀을 들어야 한다.

이러한 관점에서 볼 때, 내가 사역자의 아내라는 것이 축복으로 여겨진다. 매주일, 매월, 매년 나는 내 남편이 하는 설교를 듣는다. 그리고 회중 속의 그 누구보다도 더 집중해서 듣게 된다. 그 설교자를 사랑하기 때문이다. 나는 그가 전달하는 메시지뿐만 아니라 설교하는 태도에도 관심을 기울인다. 만약 그가 실수를 하거나 곁길로 빗나가게 되면 나는 무척이나 당황한다. 나는 남편의 설교가 진실하고 분명하며, 그리고 무엇보다도 하나님을 기쁘시게 하는 것이 되기를 기도한다.

> 그리고 회중 속의 그 누구보다도 더 집중해서 듣게 된다. 그 설교자를 사랑하기 때문이다.

이러한 것들로 인해 얻을 수 있는 유익함은 실로 엄청나다. 나의 마음은 하나님의 말씀으로 가득 차 있고, 성령께서는 내 능력 너머의 명철함을 주신다. 내가 말씀을 잘 들었고, 또 그 말씀을 전파하는 목사와 결혼했기 때문이다.

하나님 아버지, 이 은혜로운 특권을 주심을 감사드립니다. 이제 말씀을 듣기만 하는 자가 아니라 실행하는 자가 되게 하여 주옵소서. 아멘.

17. 하나님께 아뢰세요 - 노엘 파이퍼(Noel Piper)

"지존자의 은밀한 곳에 거하는 자는 전능하신 자의 그늘 아래 거하리로다 내가 여호와를 가리켜 말하기를 저는 나의 피난처요 나의 요새요 나의 의뢰하는 하나님이라 하리니"(시 91:1-2).

조직 검사 결과 양성 반응이 나왔다. 그녀는 겁에 질려 있었다. 나는 내가 했던 위로의 말이 그저 단순한 말에 불과하지 않을지 걱정하면서 전화를 끊었다. 시편 91편의 말씀은 내가 그녀에게 해주고 싶었던 위로의 말로 시작하고 있다. "… 은밀한 곳 … 전능하신 자의 그늘 아래" 그리고 시인은 계속해서 하나님을 찬양한다. 그는 "주님은 피난처시요, 요새이십니다."라고 말할 수도 있었다. 그러나 이것은 너무 미약한 표현이다. 그는 "주님은 나의 피난처요, 나의 요새이십니다."라고도 말할 수 있었다. 그러나 이 역시 충분하지 못하다. 그는 내가 친구에게 했던 것처럼 "주님은 당신의 피난처시요, 요새가 되실 것입니다."라고 말할 수도 있었다. 맞는 말이다. 그러나 이것조차 충분치 않다.

시편기자는 우리에게 말하고 있는 것이 아니다. 그는 하나님께 말하고 있다.

내가 여호와를 가리켜 말하기를

저는 나의 피난처요 나의 요새요
나의 의뢰하는 하나님이라 하리니

> 우리는 하나님이 진정한 피난처시며 요새이심을 믿는다.

그는 하나님께 거짓을 말할 수 없다. 그는 하나님께 진실하고 살아 있는 고백을 한 것이다. 만약 내가 당신에게 하나님과 나와의 관계에 대해 말한다면, 나는 실제보다 더 좋게 보이도록 과장해서 말할 수도 있을 것이다. 그러나 하나님께는 그럴 수 없다. 나는 그분께 진실을 말해야만 한다. 그래서 시편기자가 하나님께 하나님을 찬양하는 고백을 할 때, 우리는 하나님이 진정한 피난처시며 요새이심을 믿을 수 있게 된다.

다음번에 친구가 전화를 걸어온다면 나는 "…은밀한 곳…전능하신 자의 그늘 아래"라는 말로 위로를 하고 싶다. 그리고 나서 나 또한 같은 말로 주님께 고백할 것이다.

오 하나님, 저의 공허한 말들을 용서하여 주옵소서! 저의 마음과 입술이 당신께 향하게 하시고, 제가 당신께 드리는 진리의 말씀이 그 말을 듣는 자들에게 확신을 줄 수 있게 하옵소서. 아멘.

18. 확실한 치유 - 조이스 웹스터(Joyce Webster)

"여호와께 감사하라 그는 선하시며 그 인자하심이 영원함이로다"(대상 16:34).

지금까지 나의 고통은 점차 악화되어 결국 가장 간단한 일조차 완수할 수 없는 지경에까지 이르고 말았다. 나는 완치될 수는 없으나 치료는 받을 수 있는 만성질환으로 진단 받았다. 내 생활을 괴롭히는 것은 우울증과 불면증이었다. 이러한 문제가 시작된 것은 우리가 새로운 교회 개척 사업을 시작할 즈음과 일치했다. 그 당시 나는 나의 남편을 격려하고, 새로운 사람들을 만나야 했는데, 그때 우울증과 좌절감을 경험하기 시작한 것이다. 내 삶에 하나님이 존재하신다는 증거는 너무도 희박해 보였다.

내 딸 조이가 내게로 와서는, 내가 조이와 아이들에게 해 주었던 조언들을 부드럽게 일깨워 주었다. 내 아이들 중 하나가 낙담할 때면 나는 매우 간단한 처방을 내려주곤 했다. 그것은 매일 아침, '감사'라는 약을 아주 많이 먹고 하루를 시작해야 한다는 것이었다. 그리고 하나님께 감사한 이유를 열 가지 써야 했으며, 적어도 한 주 동안은 감사할 이유를 매일 열 가지씩 더해 가야 했다.

내가 했던 이 조언이 바로 내게 되돌아와 나를 아프게 하는 것이었다. 나는 이러한 일이 일어날 때가 너무 싫다! 이제 나는 내가 했던 조언에 귀 기울여야 한다. 나는 이것이 단순한 처방이 아님을 곧 알 수 있었다. 그럼에도 불구하고 감사할 이유들을 적기 시작하자, 비록 내 육체적인 상태는 변함이 없을지라도 어떤 변화를 감지할 수 있었다. 우리 마음에서 우러나는 신실한 감사는 회복을 위한 하나의 처방이다. 감사의 중요성은 다음과 같이 반복되는 하나님의 말씀으로부터도 분명히 깨달을 수 있다.

> 우리 마음에서 우러나는 신실한 감사는 회복을 위한 하나의 처방이다.

감사하라. 감사하라. 감사하라.

주님, 저는 언제나 감사함을 느끼지 못합니다. 또한 당신께서 계속해서 저를 대신하여 일하고 계심을 보지도 못합니다. 풍성한 감사의 조건들을 볼 수 있는 분명한 통찰력을 주옵소서. 아멘.

19. 주님의 길 가운데 인도하심 – 도로시 켈리 패터슨(Dorothy Kelley Patterson)

"네가 물 가운데로 지날 때에(pass through) 내가 함께할 것이라 강을 건널 때에 (pass through) 물이 너를 침몰치 못할 것이며 네가 불 가운데로 행할 때에(walk through) 타지도 아니할 것이요 불꽃이 너를 사르지도 못하리니"(사 43:2).

한 작은 명함 위에 성경 구절이 기록되어 있고, 그 구절의 모든 '통하여'(through)라는 단어에는 빨간 밑줄이 그어져 있었다. 그리고 그 옆에 기록되어 있는 글은 주님께 속한다는 것이 어떤 의미인지를 상기시켜 주었다.

남편이 신학교 총장직에서 면직된 것은 정말 뜻밖의 사건이었다. 그의 리더십으로 인해 그 학교는 열두 명의 학생에서 거의 오백 명 가량의 학생들이 공부하는 학교로, 그저 졸업장만을 발행하던 학교에서 공인된 학사, 석사 학위를 수여하는 학교로, 시내에 있는 한 교회 건물을 사용하던 학교에서 넓은 캠퍼스를 소유한 학교로 성장할 수 있었다. 남편의 해고는 정말 불공평한 것이었다. 남편은 국제 선교와 복음 전파에 대한 자신의 열정을 버리려 하지 않았고, 그것은 그가 기금을 모으고, 직원들을 관리하는 등 최고경영자와 같은 위치에 있다는 것을 의미했다. 그런데 그것이 총장직 박탈이라는 대가를 낳았던 것이다. 남편의 비전과 소명은 변하지 않았으나, 관리 위원회는 변해 버렸다. 그리고 그 결과는 우리의 이방 적들이 아닌 교회 성도들과 친구들로부터 비롯된 것이었다. 비록 여론이 그 결정을 철회하도록 만들었으나, 우리는 우리의 임무가 끝나 버렸다는 것을 잘 알고 있었다. 그리고 하나님께서 우리를 인도하셔서 헤쳐 나가도록 하시는 데에는 9개월이라는 시간이 걸렸다.

> 우리를 결코 배반하지 않을 것이며, 결코 실패하지 않으실 분이 당신을 인도하고 계시다는 사실을 아는 것은 얼마나 놀라운 일인가!

당신은 극심한 고통 가운데 목이 메는 채로 교회에 가 본 적이 있는가? 절망 속에서 당신의 볼을 타고 하염없이 흘러내리는 눈물로 예배를 드려 본 적이 있는가? 예배 때마다 느꼈던 기쁨이 슬픔으로 돌변한 적이 있는가? 친구의 걱정스러운 질문들이 오히려 당신의 상처만 더 깊게 만든 적이 있는가? 우리를 결코 배반하지 않을 것이며, 결코 실패하지 않으실 분이 당신을 인도하고 계시다는 사실을 아는 것은 얼마나 놀라운 일인가!

하나님 아버지, 저는 성도들 가운데서 사역을 할 때 말로 다 형언할 수 없는 기쁨을 경험했습니다. 그러나 저는 당신을 따르던 자가 당신을 배반하고 적들을 당신에게로 데려왔을 때, 당신이 겪은 고통 역시 조금 알 것 같습니다. 저를 인도해 주심을, 그리고 당신의 고통의 잔을 마실 수 있게 하심을 감사드립니다. 아멘.

20. 내면의 연약함 - 캐이시 채플(Kathy Chapell)

"내 형제들아 어찌 무화과나무가 감람 열매를, 포도나무가 무화과를 맺겠느뇨 이와 같이 짠 물이 단물을 내지 못하느니라"(약 3:12).

몇 년 전, 나는 친구가 배신했다는 느낌에 사로잡혀 극심한 고통에 시달렸다. 남편은 그 친구가 겪고 있는 어려움을 이야기하면서 "건강하지 못한 사람으로부터 건강한 반응을 기대하는 것은 무리다."라고 말해 주었다.

인생을 살아가다 보면, 특별히 목회 사역에서, 다른 사람들에게 고통을 주는 사람들을 만나게 된다. 어떤 사람들은 까닭 없이 불친절하다. 그러나 어떤 사람들은 극심한 고통 속에 있거나, 영적으로 정서적으로 불안정하기 때문에 내적인 갈등을 자연스럽게 외면으로 표출하게 된다. 나도 때로는 내게 무례하게 대하고 상처를 주는 사람들에게 화를 내고 싶은 유혹을 느끼지만, 주님은 그 형제 혹은 자매가 가지고 있을 고뇌를 떠올리게 하시며, 그러다 보면 어느덧 화난 감정은 도리어 그들을 긍휼히 여기는 마음으로 녹아 버린다.

한 가지 예를 들어 보겠다. 우리 막내아이에겐 알레르기가 있다. 한밤중에 아이의 기침 소리에 깨어 아이를 간호하는 것은 힘든 일이다. 가끔 아이는 내 얼굴에 대고 기침과 재채기를 한다. 정말 참기 힘든 일이다. 그러나 나는 그 아이가 내면으로 얼마나 앓고 있을까를 생각한다. 이와 비슷하게 그리스도 안에 있는 한 자매가 그녀의 끊임없는 죄와의 싸움으로 내게 불친절하거나 무례하게 대하는 것을 이해할 수 있다. 그녀를 이해하거나 용서하기 위해서 굳이 그녀의 행동을 좋아해 주거나 인정해 줄 필요는 없다. 그러나 이러한 일이 힘들 때엔 하나님께 나 역시 같은 죄인이며, 내 죄로 인해 건강치 못한 사람이지만, 그리스도께서 나를 사랑하시며 용서하신다는 사실을 기억하게 해달라고 기도한다.

> "건강하지 못한 사람으로부터 건강한 반응을 기대하는 것은 무리다."

주님, 당신께서 저의 연약함을 용서하셨다는 것을 기억하게 하시고, 그래서 저 역시 내면의 고통으로 힘들어하고 있는 사람들을 용서할 수 있도록 도와주옵소서. 당신의 고통 받는 자녀들에게 제가 사랑과 긍휼을 베풀 수 있도록 은혜를 주옵소서. 아멘.

21. 돌아갈 신호 - 진 헨드릭스(Jeanne Hendricks)

"내 시대가 주의 손에 있사오니"(시 31:15상).

예전엔 네 명의 아이들과 함께했던 시간들이 바쁘긴 했지만 재미있었다. 그러나 지금 그 아이들은 모두 십대가 되어 제각기 자기들만의 무언가를 할 수 있는 방을 필요로 했다. 그래서 나는 "주여, 이 집은 너무 작습니다. 특히 손님들이 올 때면 얼마나 힘이 드는지 주님은 아실 것입니다. 모든 것이 낡아 버렸고, 친구들을 집에 초대하기조차 민망합니다."라고 기도했다. 그러나 애써 기도해도 변한 것은 없었다. 하루는 모두가 집을 비웠을 때 홀로 집안을 서성이다가 그대로 거실 소파 옆에 무릎을 꿇었다.

나는 눈물을 흘리며 "주님, 저는 당신께 실망했습니다."라고 말했다. 그러자 주님은 당신께서 나의 감사할 줄 모르는 마음에 실망하셨다고 말씀하셨다. "좋아요 주님, 제 평생 동안 이 집에서 계속 살아야 한다고 해도 괜찮아요. 하지만 그렇다면, 제 마음을 변화시키셔서 이 쓰디쓴 불만족스런 마음을 없애 주세요."

2주 후에 교회에서 부동산 업자인 친구 한 명이 남편에게 우리 가족이 살기에 정말 꼭 맞는 집을 발견했다고 말해 주었다. 내가 집을 한번 알아보자고 했을 때마다 남편은 너무 바쁘다거나 관심이 없다며 회피해 왔지만, 이번엔 남편이 그 집을 보자고 했다. 남편은 집은 괜찮지만, 너무 비싸다고 하면서 부동산업을 하는 친구마저 턱없는 가격이라고 하는 금액을 제안했다. 그러나 놀랍게도 그 집 주인은 그 금액을 받아들였고, 곧 우리 집도 팔리게 되었다.

> 나는 눈물을 흘리며 "주님, 저는 당신께 실망했습니다."라고 말했다.

하지 않아도 될 근심걱정을 가지고 얼마나 기도했던지! 그 후로 나는 모든 것에 감사하는 마음을 가질 것과 하나님의 때를 기다리며 그분과 동행해 나가는 데 최선을 다할 것을 결심했다.

주님, 이 혼란스러운 세상에서 하나님과 늘 가까이 동행하게 하시고, 당신의 때를 감지할 수 있도록 도와주옵소서. 아멘.

22. 실패 - 수 새일해머(Sue Sailhamer)

"주여 내 영혼이 주를 우러러 보오니 주여 내 영혼을 기쁘게 하소서 주는 선하사 사유하기를 즐기시며 주께 부르짖는 자에게 인자함이 후하심이니이다 여호와여 나의 기도에 귀를 기울이시고 나의 간구하는 소리를 들으소서 나의 환난 날에 내가 주께 부르짖으리니 주께서 내게 응답하시리이다"(시 86:4-7).

교회의 취학 전 자녀를 둔 어머니 모임(MOPS)에서 어머니들을 멘토링하는 임무를 맡은 첫 해가 끝나갈 무렵, 나는 다음해에도 그 역할을 계속할 것인지에 대해 얘기를 나누려고 프로그램 담당자를 만났다. 그녀가 나와 그 모임의 관계에서 무언가 빠진 것이 있는 것 같다고, 즉 사람들과 관계를 맺는 데 실패한 것 같다는 의미의 말을 했을 때 나는 놀라고 말았다.

그 친구의 따가운 일침을 합리화하면서 내 머리엔 갖가지 생각이 떠올랐다. 나는 MOPS의 새로운 인물이었다. 3년이라는 시간 동안 모임의 사람들과 관계를 다져오고, 엄마들을 멘토링하는 충분한 경험을 가지고 있는 전임자와 내가 부당하게 비교를 당하고 있는 것은 아닌가? 내가 뭔가를 빠뜨리고 있다는 것을 왜 아무도 말해 주지 않았을까?

다음날 그 일에 대해 생각하고 기도하는 중에 나는 그 친구의 말이 옳았음을 인정했다. 나는 내키지 않는 마음으로 그 일을 맡았었다. 비록 내가 그 프로그램을 진행하기 위해서 상당한 시간을 쏟아 부었다 할지라도, 개인의 참여를 유도하고, 실제적인 멘토링을 하는 데에는 실패했던 것이다. 나는 모임에 내 시간을 투자하는 노력에 주저했고, 내 방식대로 일을 진행했다. 그래서 실패하고 말았다.

> 실패야말로 우리의 마음을 하나님께로 되돌리기 위해 하나님께서 사용하시는 훌륭한 도구이다.

우리 자신의 실패에 직면해야 할 때, 그것을 피해 달아나고, 변명거리를 만들며, 다른 사람들을 탓하기는 쉽다. 그러나 고통스러울지라도 자기 평가를 하는 것은 궁극적으로 우리를 도와줄 것임에 분명하다. 실패야말로 우리의 마음을 하나님께로 되돌리기 위해 하나님께서 사용하시는 훌륭한 도구이다.

우리는 실패를 인정함으로써 하나님의 은혜에 전적으로 의지할 수 있다. 나는 그 경험으로 인해 우리가 무엇을 하든지 하나님의 은혜로써만 성공할 수 있다는 것을 깨달을 수 있었다.

하나님 아버지, 당신의 방법으로 행하지 않고 저의 방법으로 행한 것을 용서해 주옵소서. 당신의 끊임없는 사랑에 감사드립니다. 제가 당신이 원하시는 길을 분명히 바라보고 따라갈 수 있도록 도와주옵소서. 아멘.

23. 고통과 기쁨 - 메리 로우 윗록(Mary Lou Whitlock)

"내 형제들아 너희가 여러 가지 시험을 만나거든 온전히 기쁘게 여기라" (약 1:2).

> 나의 영혼과
> 나의 진지하고도 확고한 선택의 목적은
> 최고의 통치권을 가지신 그분께 굴복하고
> 매순간 노력하면서 기쁨을 누리는 것입니다.
> - 작가미상

구두상자보다 조금 더 큰 상자 안에 이제 막 태어난 딸아이가 누워 있는 것을 바라보며 서 있는 기분을 어떻게 말로 표현할 수 있을까? 모든 것이 정지해 있는 듯하고, 현실을 거부하고 싶은 심정이다. 머리와 가슴 속엔 대답 없는 의문들이 끝없이 소용돌이친다. 쌍둥이 중 한 아이는 이미 하나님께서 데려가셨고, 한 아이는 이렇게 인큐베이터 안에서 살기 위해 몸부림치고 있다.

그러한 장면에 익숙해진 남편과 나였지만, 그날에 느꼈던 고통은 내 마음에서 영원히 지워지지 않을 것이다. 내 호르몬은 요동쳤고, 내 몸은 출산으로부터 회복 중인 상태였다. 우리의 다른 아이들, 가족들, 교회 성도들 등 많은 사람들도 걱정해 주고 있었다. "오, 하나님! 제가 무엇을 해야 합니까? 어디서부터 시작해야 합니까?"

어떻게였는지 모르지만 한 가지 중요한 생각에 도달하게 되었다. 나는 하나님의 자녀다. 그분은 항상 내게 신실하셨고 나를 사랑해 주신 분이이었으므로, 나는 지금 그분을 신뢰해야만 한다. 언젠가 남편에게 평안에 관해 말하면서, 우리 모두 극심한 고통 속에서도 하나님의 임재, 사랑, 평안을 느낄 수 있었다는 데 동의했다. 그것은 성령님의 역사하심이었다. 내 경우로 봐서도 나는 고통과 평안을 동시에 느낄 수 없었다. 하나님의 은혜가 충만하기 때문이리라.

> 내 경우로 봐서도 나는 고통과 평안을 동시에 느낄 수 없었다. 하나님의 은혜가 충만하기 때문이리라.

나는 아주 자연스럽게 17세기 하나님의 사람이었던 새뮤얼 러더포드(Samuel Rutherford)의 말에 빠져 들어갔다. 그가 사역을 하던 중에 아내와 두 딸이 죽었다. 그는 재혼해서 일곱 자녀들을 두었다. 그러나 러더포드가 죽을 당시엔 열한 살 된 딸아이만이 살아 있었을 뿐이었다. 러더포드는 어떻게 그의 마음의 짐을 덜 수 있었을까? 그는 고통도 기쁨도 그를 향한 그리스도의 계획 중 한 부분이며, 슬픔과 평안은 나란히 존재한다는 사실을 인정했다. 이것이 믿음으로 사는 삶의 진리가 아닐까.

하나님 아버지, 우리를 향해 가지고 계신 그 섬세한 계획으로 움직이시는 당신의 손길을 볼 수 있게 하옵소서. 아멘.

24. 당신의 집을 세우세요 - 메리 캐시언(Mary Kassian)

"무릇 지혜로운 여인은 그 집을 세우되 미련한 여인은 자기 손으로 그것을 허느니라" (잠 14:1).

나는 최근 침실을 새로 꾸몄다. 벽도 새로 칠하고, 잘 어울릴 만한 장식도 걸어 놓았으며, 가구 표면을 손질하고, 새로운 그림들을 걸어놓고, 드라이플라워도 갖다 놓았다. 힘든 일이었지만, 볼만했다. 방에 들어서서 예쁜 장식들을 볼 때마다 만족해하곤 했다.

일반적으로 남자가 건물인 집을 세우고, 여자는 그 안에다 색조를 입히고, 아름다운 것들로 꾸미며, 물건들을 정돈하여 그 안에 생기를 불어넣는다. 건물일 뿐이기만 한 집을 가족이 살아가는 가정으로 만드는 것은 여자이다.

잠언은 지혜로운 여인은 집을 세운다고 말한다. 히브리 단어로 '세우다'(build)라는 말은 '공고히 하다, 견고하게 혹은 안정되게 하다, 영구적으로 안전하게 하다'라는 의미이다. '집'(house)이라는 말은 '가족'을 뜻한다. 이 구절은 여성이 가진 집안의 물리적 상태에 대한 관심과 가족의 정서적이고 영적인 상태에 대한 관심을 잘 비교해 주고 있다. 여성은 집안을 유지하고 아름답게 하는 데 시간과 에너지, 돈을 투자하는 것처럼, 사랑하는 가족들을 세워 주는 데에도 더 많이 투자해야만 한다. 그렇게 함으로써, 가족들 간의 관계를 공고히 하고, 그 구성원들을 굳건히 하며, 안정되게 할 수 있다.

> 이 구절은 여성이 가진 집 안의 물리적 상태에 대한 관심과 가족의 정서적이고 영적인 상태에 대한 관심을 잘 비교해 내고 있다.

그러나 미련한 여인은 자신의 손으로 집을 허물어 버린다. 물론 우리 중에 진흙을 던지거나 벽을 부수면서 집을 허무는 사람은 없을 것이지만, 안타깝게도 우리는 남편과 자녀들을 향해 정서적으로 상처를 주거나 비난하는 것에 대해서는 두 번 생각하지 않는다. 우리는 원한을 품은 채로 과거의 상처들을 들춰내 비웃고 상대방을 깎아내리며 앙갚음을 한다. 참으로 어리석은 일이 아닐 수 없다.

사랑의 아버지, 제 손으로 제 집을 허물었던 어리석음을 용서해 주옵소서. 지혜로운 사람이 될 수 있도록 도와주시고, 제가 사랑하는 사람들을 조심스럽게 세워 줄 수 있도록 도와주옵소서. 아멘.

25. 입증된 믿음 - 잰 오틀런드(Jan Ortlund)

"너희 믿음의 시련이 불로 연단하여도 없어질 금보다 더 귀하여 예수 그리스도의 나타나실 때에 칭찬과 영광과 존귀를 얻게 하려 함이라 예수를 너희가 보지 못하였으나 사랑하는도다 이제도 보지 못하나 믿고 말할 수 없는 영광스러운 즐거움으로 기뻐하니"(벧전 1:7-8).

내 친구의 글은 너무나 친숙한 투의 글이다. "내 남편이 이번 주일 사임하게 되었다. 말하자면 긴 얘기지만, 당회에서 그렇게 요구한 것이다. 이 소식은 우리 부부 모두에게 엄청난 충격이었다. 남편은 이번 주일 설교 후 그 사임장을 읽을 것이다. …내게 있어 가장 참기 힘든 것은 다음 주 내내 그러한 슬픔을 억눌러 가며 VBS 성경공부 모임을 인도해야 한다는 것이다."

사역하는 중에 이런저런 일로 상처 받지 않은 사람이 어디 있겠는가? 그러나 우리가 만나는 시련에는 다 목적이 있다. 하나님께서는 당신의 믿음을 보시려고 풀무불 속으로 당신을 던지신다. 하나님은 당신의 헌신이 진실한 것인지를 확인하고자 하신다. 당신이 견뎌내고 있는 슬픔은 당신을 정화시킨다. 그리고 당신의 본성에 배여 있는 가식을 태워 버린다. 내 사랑하는 남편 레이(Ray)가 말했듯, "고통은 우리의 믿음을 입증해 준다."

우리가 예수님의 필요성을 절실히 알게 될 때, 우리는 그분이 주시는 기쁨 속으로 겸손히 들어갈 수 있게 된다. 이 기쁨은 인간이 가진 어떤 말로도 표현될 수 없는 커다란 기쁨이다. "(우리가) 말할 수 없는 영광스러운 즐거움으로 기뻐하니"(벧전 1:8). 이는 이 땅에서 맛볼 수 있는 천국의 기쁨이다.

> "고통은 우리의 믿음을 입증해 준다."

자매들이여, 우리를 연단하는 불 속을 두려워 말라. 도망가지 말라. 마음을 열어 하나님의 기쁨에 동참해 보라. 그분을 신뢰하라. 그분을 맛보라.

사랑의 하나님 아버지, 제 자신의 생각, 재물, 명성보다 더욱 당신을 사랑할 수 있도록 가르치소서. 제 믿음을 증명하시어, 진실로 입증되게 하옵소서. 그리고 당신을 신뢰하면서 제 마음을 열어 당신의 기쁨을 맛볼 수 있게 하옵소서. 예수님의 이름으로 기도합니다. 아멘.

26. 관계에의 헌신 - 폴릿 워싱턴(Paulette Washington)

"어머니의 백성이 나의 백성이 되고 어머니의 하나님이 나의 하나님이 되시리니"(룻 1:16).

화평함의 기초는 관계에 헌신하는 것이다. 아내로서 내가 남편의 소명을 나의 소명으로 인정하고, 남편의 고통을 나의 고통으로 받아들이며, 남편의 기쁨을 나의 기쁨으로 여길 때 비로소 남편의 성공이 이루어진다. 우리는 진실로 하나이기 때문이다. 이러한 관점에서 남편에게는 단지 의무적인 소명의식 그 이상의 자유가 주어졌다.

나는 사역에의 부르심에 헌신을 다하고 있다. 남편 롤리(Raleigh)가 신학교에 있었을 때, 그는 설교학 수업을 수강했다. 나는 신학생의 아내로서 청강할 수 있었고, 그래서 이 과목을 청강했다. 그때까지만 해도 나는 하나님께서 훗날 나를 설교자로 세워 주시리라고는 생각하지 못했다. 나는 설교의 모든 요소들을 배울 수 있을 것이며, 또 그렇게 하면 남편에게 있어 최고의 비평가이자 격려자, 조력자가 될 수 있을 것이기에 그렇게 한 것이었다.

그 후 수년 동안을 지내 오면서, 나는 하나님이 이 분야에서 내게 은사를 주셨다는 사실을 깨닫게 되었다. 롤리와 나는 자주 함께 강연했고, 팀을 이루어 설교도 했다. 우리가 함께하는 사역 가운데 역사하시는 하나님으로 인해 나는 단순한 기쁨 정도가 아닌 숨 막히는 환희를 경험한다.

> 내가 남편과 공평한 대우를 받으려고 이 일을 하게 된 것이 아니라는 것이다. 나는 진정 남편을 돕기 위해 이 일을 했다.

중요한 점은 내가 남편과 공평한 대우를 받으려고 이 일을 하게 된 것이 아니라는 것이다. 나는 진정 남편을 돕기 위해서, 그리고 어떤 일을 겪든지 남편이 하나님께서 원하시는 모습으로 설 수 있도록 도와주기 위해 이 일을 했다. 내가 그렇게 했을 때, 남편도 도움을 받았을 뿐만 아니라, 그 역시 내가 하나님께서 원하시는 모습으로 설 수 있도록 도와주는 하나님의 도구가 될 수 있었다.

하나님 아버지, 제가 제 결혼생활과 당신을 섬기도록 부름 받은 남편에게 헌신을 다할 수 있도록 하옵소서. 그리고 무엇보다도 당신에 대한 헌신에 끝까지 충성하게 하옵소서. 우리 삶에 소명을 주신 당신께 감사드립니다. 우리가 하는 모든 일들이 당신께 영광이 되길 기도합니다. 아멘.

27. 세월을 아끼라 - 메리 K. 몰러(Mary K. Mohler)

"그런즉 너희가 어떻게 행할 것을 자세히 주의하여 지혜 없는 자같이 말고 오직 지혜 있는 자같이 하여 세월을 아끼라 때가 악하니라"(엡 5:15-16).

가끔씩 나는 마치 바람 부는 터널을 지나며 바람에 머리칼이 날리고, 누군가의 손에 떠밀리고 있다고 느낄 때가 있다. 빠른 속도로 지나가는 장면들을 보여 주는 빨리감기 모드 세상 속에 살고 있는 것처럼 말이다. 나는 아직 삼십 대이지만, 자라나는 아이들의 얼굴을 볼 때마다 날이 바뀌고, 달이 바뀌고, 해가 바뀌는 등 세월이 쏜살같다는 것을 느낀다.

우리 인생은 세상이라는 스크린 속에 아주 잠깐 나타나는 영상에 불과하다. 그 속에서 우리는 그리스도를 위해 뭔가 길이 남을 만한 일을 하기 원한다. 우리는 카타리나 루터, 수잰나 웨슬리, 새러 에드워드, 수잰나 스펄전 등 역사 속에서 의미 있는 공적을 남긴 사역자들의 아내들을 떠올릴 수 있다. 그 밖에 비록 많은 사람들이 그 이름을 기억하지는 못할지라도 많은 이들이 깊은 영향력을 미치고 지나갔다.

하나님은 분명한 목적을 두시고 우리가 일정 시간 동안 멘토링할 수 있고, 영향력을 미칠 수 있는 여성들을 우리의 삶에 보내셨다. 그러므로 하나님 나라의 확장을 위한 기회들은 우리 주변에 얼마든지 주어져 있는 것이다. 이러한 기회들을 그냥 흘려 버린다면 얼마나 불행한 일인가! 하나님께서 우리의 삶을 연장시켜 주신다면, 우리는 안락의자에 앉아 우리의 삶을 뒤돌아보며 기뻐할 것이다. 그때 당신은 너무 바빠서 시간을 낭비해 버린 일을 후회할 것인가? 당신은 계획성 없이 우선순위도 정하지 못한 채 아무런 기회도 만들지 못했는가? 바로 오늘이 주님의 도움으로 삶의 변화를 결심할 때인지도 모른다. 사역자 아내로서 당신이 걸은 순례의 길을 역사는 어떻게 기록할 것인가? 당신이 남기고 싶은 유산들을 생각해 보라. 주님께서 당신에게 원하시는 모습이 되기 위해 한 발짝 한 발짝 어떻게 나아가야 하는지 가르쳐 달라고 기도하라. 그리고 세월을 아끼며 그 일을 행하라.

> 우리 인생은 세상이라는 스크린 속에 아주 잠깐 나타나는 영상에 불과하다. 그 속에서 우리는 그리스도를 위해 뭔가 길이 남을 만한 일을 하기 원한다.

주님, 오늘도 당신을 위해 우리 앞에 펼쳐진 임무를 다할 때, 주어진 환경을 지혜롭게 사용하도록 하옵소서. 예수님의 이름으로 기도드립니다. 아멘.

28. 예정된 시간 - 캐이시 힉스(Kathy Hicks)

"천하에 범사가 기한이 있고 모든 목적이 이룰 때가 있나니"(전 3:1).

우리 집 뒤에는 조그만 호수가 있다. 지난 봄, 우리는 그곳에 두 마리의 거위새끼들이 커가고 있는 모습을 발견했다. 노란 솜털로 뒤덮인 새끼들이 가까이에서 가족들을 보호하고 있는 아빠 거위와 엄마 거위의 뒤를 졸졸 따라다녔으며, 점차 독립적으로 행동해 가는 듯했다. 이제 새끼들은 총총 걸음으로 먹이를 먹으러 풀밭을 뛰어다녔으며, 엄마, 아빠 거위가 오히려 새끼들의 뒤를 따라다니며 혹시 위험스런 것은 없는지 눈을 떼지 않고 있었다.

이 캐나다 거위들이 새끼들에게 쏟아 붓는 끊임없는 돌봄과 보호는 내 딸아이가 걸음마를 할 당시를 떠오르게 한다. 그 당시 내 삶은 그 아이를 돌보는 것으로 분주했다. 아이는 내 인생의 주요 관심사였던 것이다. 이제 그 아이가 저 먼 곳에 있는 대학에 들어가면서 나는 내 인생의 새로운 국면을 맞게 되었고, 그래서인지 특히 그 애가 귀여운 아기였던 시절이 그리운 것 같다. 무남독녀인 그 애가 떠난 우리 집은 마치 텅 빈 둥지처럼 느껴진다. 우리는 새로운 삶의 자리에서 얼마나 자주 딸아이를 볼 수 있을지, 이 이별을 어떻게 견뎌낼 수 있을지, 그 애가 돌아와서 앞으로 같이 살 수 있는 날이 있을지 확신하지 못한다.

그러나 이 한 가지만은 확실히 안다. 비록 우리는 미래의 일을 알 수 없지만, 하나님께서는 아신다는 것이다. 지금껏 우리를 인도하시고, 우리의 삶을 변화시켜 주신 하나님께서 앞으로도 분명히 인도해 주실 것이다. 우리가 그분께 의지하고 따르기만 한다면 그분은 우리에게 힘과 지혜를 주시고, 모든 일을 이루어 주실 것이다.

> 무남독녀인 그 애가 떠난 우리 집은 마치 텅 빈 둥지처럼 느껴진다.

신실하신 하나님 아버지, 변화의 바람 속에서도 변하지 않고 우리를 지켜 주심에 감사를 드립니다. 당신은 저의 반석이시요, 위로자시요, 환난 때에 도우시는 분이십니다. 아멘.

29. 모든 것 되시는 그리스도 – 헤더 올포드(Heather Olford)

"…이는 친히 만물의 으뜸이 되려 하심이요"(골 1:18).

골로새서는 우리 주 예수 그리스도가 모든 것 위에 뛰어나신 분이시며, 교회의 머리가 되신다고 가르친다. 우리가 그분을 경배함은 그분께서 우리의 사랑과 충성을 받으시기에 합당하신 분이기 때문이다. 우리는 "그는 주님이시요."라고 찬양하지만, 정말 그분이 주님이신가? 기억하라, 예수님은 만물의 으뜸 되시는 주님이시거나 혹은 전혀 주님이 아니시거나 둘 중의 하나이다. 그러므로 예수님이 부분적으로 내 인생의 주인이시라고 말한다면, 이는 큰 모순이다. 그분은 모든 것의 주인이시기 때문이다!

우리는 우리의 삶에서 가장 우선적인 것이 첫 번째가 되어야 한다는 데 동의하지만, 우리의 마음속을 조심스럽게 살펴본다면, 대부분의 사람들이 정말 중요한 것은 맨 나중으로, 별로 중요치 않은 것은 최우선순위에 놓고 있다는 것을 발견할 수 있다.

우리는 우리가 두 가지 위대한 목적을 위해 구원 받았다는 사실을 더욱 깨달을 필요가 있다. 첫 번째는 예배하기 위함이며, 두 번째는 증인이 되기 위함이다. 만약 당신과 내가 예배하는 사람들이 아니라면, 증인으로서의 삶도 미약하고 열매 역시 없을 것이다. 예배에는 두 가지 핵심적인 측면이 있다. 하나는 하나님과의 동행을 위한 개인적 묵상이다. 이것은 모든 것 되시는 하나님과 만유의 주 되신 주 예수님이 우리를 위해 행하신 일들을 찬양하고 사모하며 감사하는 시간이다. 다른 하나는 공적 예배이며, 우리는 교회에 모여 다른 성도들과 함께 하나님께 예배를 드린다. 그러므로 공적 예배를 결코 가볍게 여기지 말라.

> 공적 예배를 결코 가볍게 여기지 말라.

우리는 예배에서 증인으로서의 모습을 갖추어 간다. 만약 그리스도가 우리 마음속에서 가장 높임을 받고 계시다면, 우리는 "마음에 가득한 것을 입으로 말"하게 될 것이다(마 12:34). 우리의 모든 것 되시는 그리스도이실진대, 성령께서는 우리의 삶을 채우시며, 우리에게서는 생수의 강이 흘러나게 될 것이다(요 7:38-39 참조).

하늘에 계신 사랑의 아버지, 당신은 당신의 아들 예수님을 주님이시며 그리스도로 높이셨습니다. 제가 무엇을 할 수 있겠습니까? 주님의 이름을 위하여 제 삶의 모든 영역에서 높임을 받으시길 기도드립니다. 아멘.

30. 하나님을 기다림 - 리사 라이켄(Lisa Ryken)

"너는 여호와를 바랄지어다 강하고 담대하며 여호와를 바랄지어다" (시 27:14).

내 시간의 대부분은 기다림이다. 아이들이 학교에서 돌아오기를 기다리고, 야구 연습이 끝나기를 기다린다. 남편이 남은 공부를 마치기를 기다리고, 고장 난 건조기를 수리하는 사람이 오기를 기다린다. 또한 내가 어떻게 할 수 없는 일들을 기다린다. 아기의 출산에서부터, 직장을 결정하는 일까지 말이다. 이러한 상황들이 나를 낙심하게도 하지만 그런 것들이 하나님을 기다리는 법을 가르쳐 주기도 한다.

목회자의 아내가 되었을 때, 한 친구가 앤드류 머레이(Andrew Murray)의 『하나님을 기다림』(Waiting On God)이라는 책을 선물해 주었다. 나는 이 책으로부터 많은 위로와 도전을 받았다. 기다림이란 성경에서 계속 반복되는 주제로서, 특히 시편에 많이 나타난다. 우리는 여러 가지 상황 속에서, 그리고 여러 가지로 인해서 하나님을 기다린다. 기다림은 우리로 하여금 잠잠히 하나님 앞에 침묵하게 하며, 그분을 예배하게 한다. 우리는 소망 중에 기대하는 마음과 감사하는 마음으로 하나님을 기다린다. 우리는 하나님께서 우리의 필요를 채워 주시며, 그분의 지혜를 주시기를 기다릴 필요가 있다. 우리의 기다림엔 인내가 필요하다.

궁극적으로, 하나님을 기다림이란 그분의 절대주권을 신뢰하는 일이다. 우리가 하나님을 기다릴 때, 우리는 통제할 수 없는 상황 앞에서 더는 동요하지 않아도 된다. 대신 하나님 앞에서 잠잠히 그분이 주시는 쉼과 평안을 누리기만 하면 된다. 그런 가운데 하나님이 무엇을 하실지 간절한 마음으로 바라보면 된다. 하나님을 기다림은 우리로 근심하기보다 기도하게 하며, 하나님께서 우리가 구하거나 생각하는 것 이상으로 역사하시리라는 소망을 갖게 한다.

> 기다림은 우리로 하여금 잠잠히 하나님 앞에 침묵하게 하며, 그분을 예배하게 한다.

주님, 당신은 우리에게 당신을 기다리라고 말씀하십니다. 기다리는 법을 가르쳐 주시고, 그 기다림 가운데 기쁨을 주옵소서. 아멘.

31. 뒤바뀜 - 바바라 휴즈(Barbara Hughes)

"나는 너희에게 이르노니 너희 원수를 사랑하며 너희를 핍박하는 자를 위하여 기도하라"(마 5:44).

예수님은 언제나 사람들의 머릿속에 있는 생각들을 바꿔 놓으신다. 그분의 말씀은 우리가 기대하는 바와 전혀 다르기 때문에 우리의 주의를 집중시킨다. 목회자의 아내로서 내가 배웠던 가장 자유로운 진리는 "네 원수를 사랑하며, 너를 핍박하는 자를 위하여 기도하라."는 예수님의 말씀 안에 있었다.

목회 사역을 시작했을 때, 나는 내 원수가 교회 밖의 사람들, 곧 하나님과 원수가 되며, 교회를 싫어하는 자들일 거라고 생각했다. 물론 때로 그들이 원수가 됨은 사실이지만, 실은 여러 가지 이유로 남편의 리더십에 문제를 제기하는 사람들, 곧 교회에서 나와 나란히 앉아 함께 예배드리는 사람들이 더 자주 나의 원수가 됨을 알게 되었다. 정말 그들은 원수처럼 느껴졌다. 때로 그들은 정말 그랬다.

그럴 때마다 나는 보통 나의 본성대로 원망하고 분노했다. 그러나 분노는 나를 무기력하게 만들고, 불필요한 에너지만 소모하게 할 뿐이었다. 분노가 당신의 마음속에 뿌리 내린다면, 그것은 천천히 당신의 목을 조여 올 것이다. 바로 내게 이런 일이 일어나고 말았다.

어느 날, 예수님께서 나의 그런 어리석은 태도에 칼을 대기 시작하셨다. 그분의 말씀을 붙든 채, 나는 내 원수들을 위해 기도하기 시작했다. 그냥 단순히 하나님께서 그들을 축복해 달라고 힘없이 기도한 것이 아니라, 간절히 기도했다. 내 자녀들을 위해 기도할 때처럼 기도한 것이다. 선한 일이었으며, 성경에서 말하는 축복 그대로였다.

> 목회 사역을 시작했을 때, 나는 내 원수가 교회 밖의 사람들일 거라고 생각했다.

그렇게 기도하는 중에, 주님께서는 나의 분노와 원망을 제거하시고, 그 자리에 진심에서 우러나는 사랑을 채워 주셨다.

주 예수님, 제가 제 본성대로 살지 아니하고, 항상 하나님의 자녀답게 행할 수 있도록 도와주옵소서. 순종함으로 자유케 하시니 감사드립니다. 당신의 참되신 말씀이 저의 어리석은 태도를 다듬어 아름답게 만듭니다. 오 주님, 당신을 사랑합니다! 아멘.

32. 부족하다는 것 - 바바라 휴즈(Barbara Hughes)

"여호와의 손이 짧아 구원치 못하심도 아니요"(사 59:1).

나는 부족하다는 것이 무엇인지 안다. 나는 키가 작다. 나의 아버지도 작으셨고, 어머니도 작으시며, 내 형제자매들도 작고, 내 아이들도 한 아이만을 제외하고는 모두 작다. 우리는 키가 작은 사람들에게 따라다니는 짓궂은 농담들 - 땅딸보, 난장이, 땅꼬마와 같은 별명들과 "작은 사람들은 살아갈 이유가 없어."와 같은 비아냥거리는 노래들 - 에 익숙하다. 이것이 주는 메시지는 분명하다. 바로 부족하다는 것은 무언가 결핍되어 있다는 것이다. 물론 이런 농담들은 우리를 재미있게 하고, 많은 웃음을 자아내기도 한다.

내가 어릴 적 처음 외웠던 성경 구절은 좀더 심각한 의미의 부족함에 대해 말하고 있다. "모든 사람이 죄를 범하였으매 하나님의 영광에 이르지 못하더니"(롬 3:23). 아무리 키가 큰 사람일지라도 부족함의 유전자를 이어받았으며, 그래서 무언가 심각하게 결핍되어 있다. 자신이 무언가 부족하다는 말을 들었을 때 웃을 수 있는 사람은 아무도 없다. 그러나 사역자의 아내들에게 이러한 원죄로 인한 결핍, 즉 책임감의 부족, 거친 언어, 감사가 부족한 영성 등은 공적 사역을 함에 있어 매우 당황스러운 것이 된다.

> 아무리 키가 큰 사람일지라도 부족함의 유전자를 이어받았으며, 그래서 무언가 심각하게 결핍되어 있다.

이 글의 핵심 구절이 되는 선지자 이사야의 말은 우리 하나님의 충분성에 관해 간략하게 말하고 있다. 바로 하나님이 우리를 구원하신다는 것이다. 예레미야 32장 17절도 동일한 말씀을 한다. "주 여호와여 주께서 큰 능과 드신 팔로 천지를 지으셨사오니 주에게는 능치 못한 일이 없으시니이다."

내가 때때로 내 손이 미치지 않는 무언가에 도달하려고 할 때나, 나 자신이 무언가에 미치지 못할 때면, 나는 항상 이 놀라운 진리의 말씀을 되새긴다.

사랑하는 주님, 당신의 "팔이 짧아서 구원하지 못하신 것이 아님."에 감사드립니다. 제 생각과 언어와 행위가 당신의 영광에 이르지 못함을 용서해 주옵소서. 그리고 진실한 모습으로 성장할 수 있도록 은혜를 베풀어 주옵소서. 아멘.

33. 쓸데없는 근심 - 조이스 웹스터(Joyce Webster)

"너희 염려를 다 주께 맡겨버리라 이는 저가 너희를 권고하심이니라" (벧전 5:7).

유럽에서부터 미국으로 이사 올 때 우리는 거의 짐을 들고 오지 않았다. 믿어지지 않겠지만, 쇼핑이 주는 즐거움도 새로운 집을 단장해야 한다는 막중한 과제 앞에서 금방 그 매력을 잃고 말았다. 이사를 계획할 땐, 이사 가는 것과 필요한 것은 무엇이나 살 수 있다는 생각이 재미있게만 느껴졌었다. 그러나 현실은 우리의 기대를 꺾어 놓았다. 책임감 있는 크리스천 어머니와 아내로서, 나는 주어진 예산 내에서 사람들을 초대할 만한 편안한 집을 만드는 것이 얼마나 중요한지를 잘 알고 있었다. 그러나 경제적이고 분별력 있게 우리 집을 꾸며야 한다는 것이 내게는 상당한 근심거리였다. 혹 잘못된 결정을 내리진 않을까 하는 염려로 인해 실상 아무런 결정도 내리지 못했다.

여러 가지 질문들이 솟아오르기 시작했다. 물건을 사는 데 얼마나 더 많은 시간, 힘, 돈을 써야 하는 걸까? 왜 하나님은 내가 접시의 색깔이나 소파의 재질을 고르는 일 따위에 전혀 관여하지 않으시는 걸까? 혹 이러한 사소한 것들에 내가 너무 신경을 쓰고 있는 나머지 정말 중요한 것을 위해 기도하는 데 방해를 받고 있는 것은 아닐까? 이러한 집안 일이 내게는 분명 중요한 일이었지만, 나는 이것이 하나님께도 중요할 것이라곤 미처 생각하지 못했다.

나는 나를 향한 하나님의 시선에 초점을 맞추기 시작했다. 그분은 나를 사랑하신다. 그분은 나를 돌보신다. 하나님께서 내가 접시들을 고를 때나, 소파를 고를 때에도 여전히 나를 도우신다는 사실을 알았을 때 나의 모든 근심은 사라졌다. 그분은 그것이 일시적인 문제이기 때문이 아니라, 내게 중요한 문제였기 때문에 돌보시는 것이다. 그분은 정말로 나를 돌보신다! 우리 집을 단장하는 문제 등 일상의 사소한 것까지 하나님의 인도하심을 찾으려 노력하면서, 나는 나를 향하신 그분의 관심을 더욱 깊이 깨달을 수 있었다. 그분은 내가 바른 결정을 내리도록 도우실 뿐만 아니라 내가 그분께로 마음을 향할 수 있도록 하셨다. 근심은 하나님께서 나를 돌보신다는 믿음을 소유할 때 사라진다.

> 근심은 하나님께서 나를 돌보신다는 믿음을 소유할 때 사라진다.

주님, 저를 돌보아 주심에 감사드립니다. 제가 근심하는 그 어떤 것에도 관심을 기울여 주시니 감사드립니다. 제가 근심할 때 그것이 당신을 더욱 온전히 신뢰하고, 늘 새로운 방법으로 당신의 돌보심을 체험하는 기회가 될 수 있게 하옵소서. 아멘.

34. 내가 오히려 찬송하리로다!

- 도로시 켈리 패터슨(Dorothy Kelley Patterson)

"내 영혼아 네가 어찌하여 낙망하며 어찌하여 내 속에서 불안하여 하는고 너는 하나님을 바라라 나는 내 얼굴을 도우시는 내 하나님을 오히려 찬송하리로다"(시 42:11).

목회자의 아내로서 남편을 섬기고, 자녀를 양육하며, 교회에서 사역을 감당하지만, 하나님을 전심으로 섬기지 못한다고 느끼며, 세상으로부터 버림받은 것처럼 느껴지는 것은 왜일까? 시편 42편은 의심과 절망 속에서 신음하는 사람의 눈물 어린 마음을 보여 주고 있다.

우리 가족의 위기 속에서 나는 주님께 부르짖었다. 즉각적인 해결책을 마련해 달라고 기도했다. 문제를 해결할 여러 방법들도 강구해 보았다. 나는 온통 우리 가족이 처한 비극적인 상황을 생각하는 데 모든 힘을 소진해 버렸다. 그러나 하나님은 침묵하셨다.

고통 속에 신음하면서 나는 남편에게 앞으로 있을 세미나를 취소해 달라고 부탁했다. 나는 육체적으로도 아팠으며, 감정적으로도 완전히 소진된 상태였다. 그래도 단 한 가지 하고 싶은 것은 세미나에서 가르치는 것이었다. 남편은 전화해 주지 않았지만, 내가 취소하는 것을 허락하긴 했다. 나는 전화조차 걸지 못할 만큼 아프진 않았고, 그래서 세미나에 참석하기로 마음을 먹었다. 온갖 마음의 부담과 슬픔을 지닌 채 말이다.

교회에 들어섰을 때 커다란 현수막이 강단 위에 걸려 있었다. "하나님은 여전히 일하신다!" 그리고 성가대의 귀에 익은 노래 소리도 들려왔다. "하나님은 여전히 일하신다. 하나님은 여전히 움직이신다! 그분은 졸지도 않으시고, 주무시지도 아니하신다. 하나님은 일하신다! 하나님은 여전히 일하신다!" 나는 즉시 시편 42편을 펼쳤다. 고통과 근심의 밤을 보내는 나를 위한 주님의 노래가 들려왔다. "너는 하나님을 바라라 나는 내 얼굴을 도우시는 내 하나님을 오히려 찬송하리로다."

> 나는 온통 우리 가족이 처한 비극적인 상황을 생각하는 데 모든 힘을 소진해 버렸다. 그러나 하나님은 침묵하셨다.

하늘에 계신 아버지, 많은 슬픔과 도전들이 찾아옵니다. 저의 평생 동안, 저의 시간 동안 어려운 문제들에 맞서 해결할 수 없는 무기력함을 느낄 때조차도, 저는 당신 안에서 안식할 것이며, 오히려 당신을 찬송하리라는 약속을 선포하게 하옵소서. 아멘.

35. 잠겨 버린 서랍 문 - 캐이시 채플(Kathy Chapell)

"또 저희 죄와 저희 불법을 내가 다시 기억지 아니하리라 하셨으니 이것을 사하셨은즉 다시 죄를 위하여 제사드릴 것이 없느니라"(히 10:17-18).

당신이 알고 있듯, 사탄은 매우 교활하다. 사탄은 자주 우리의 과거 죄악들을 가지고 우리를 공격해 온다. 우리가 내뱉었던 악한 말들과 하나님을 거역했던 일들, 그리고 고의적으로 하나님께서 주신 사역의 기회들을 무시했던 일들을 계속해서 떠오르게 하는 것이다. 언젠가 나는 이러한 죄책감의 무게에 짓눌려 더는 하나님의 사랑을 느낄 수조차 없을 만큼 영적인 불구가 된 적이 있었다.

이러한 고통스런 죄책감을 떨쳐 버리려는 필사적인 노력 끝에 나는 기도하기 시작했다. "주님, 그 일들을 더는 기억하지 않게 해주세요. 그 죄에 대한 기억조차 가져가 주세요. 어디엔가 가둬 놓으세요. 주님, 제가 다시는 찾을 수 없는 어딘가에 숨겨 놓으세요." 그 후 하나님은 은혜 가운데 나를 치유하기 시작하셨다.

나를 도우셨던 그분의 손길을 볼 수 있는 한 이미지를 그려 보겠다. 내 마음속에서 나는 한 서류보관함을 본다. 열쇠로 걸어 잠글 수 있는 매우 튼튼한 보관함이다. 서랍 속에는 무언가를 기록한, 나의 기억들을, 나의 어리석고, 미련하고, 무기력했던 실패의 기억들을 기록한 서류들이 놓여 있다. 그 서랍들은 아주 단단히 잠겨 있다. 그리고 그 서랍의 열쇠는 그리스도의 손, 그의 피로 얼룩지고, 못 자국 난 손에 쥐어져 있다. 나는 그 서랍을 더는 열 수 없다. 그리스도의 희생으로 인해 그 서랍들이 단번에, 그리고 영원히 잠겨 버렸다.

> 그 서랍의 열쇠는 그리스도의 손, 그의 피로 얼룩지고, 못 자국 난 손에 쥐어져 있다.

그러나 아직도 사탄은 지금도 내가 얼마나 연약한지, 그리고 과거에 얼마나 약한 사람이었는지를 보여 주려고 안간힘을 쓴다. 그러한 교활한 가시들이 내 마음을 찌르기 시작하면, 나는 그 눈물이 담긴 서류보관함을 떠올리며 사탄으로부터 등을 돌려 나를 구원하신 그 손길에 기댄다.

사랑의 하나님, 나의 죄 값을 대신 져 주시니 감사합니다. 제가 아직도 가지고 있는 죄책감마저 당신께서 보혈로 깨끗이 씻어 주심을 날마다 기억하게 하옵소서. 그리고 그 자리에 당신의 사랑과 평안으로 채워 주소서. 아멘.

사모가 사모에게

36. 캄캄한 길을 지날 때 - 진 헨드릭스(Jeanne Hendricks)

"내가 누워 자고 깨었으니 여호와께서 나를 붙드심이로다 … 나는 두려워 아니하리이다" (시 3:5-6하).

비행기가 착륙했고, 아이들과 나는 남편을 만나기로 되어 있었다. 그런데 남편은 그 비행기에 탑승하지 않았다. 나는 아이들에게 우리는 아빠가 어디 계신지 알 수 없지만, 예수님은 다 알고 계실 거라고 애써 설명해 주었다. 그러나 정작 내 마음은 무너지는 것 같았다. 우리는 집으로 돌아왔고, 나는 아이들을 침대에 조용히 눕힌 후 방으로 들어왔다. 남편은 계획에 변동이 있을 경우엔 항상 전화를 했었기 때문에, 나는 그가 머물렀던 곳에 전화를 했다. 안내원은 모든 강사들이 함께 이미 숙소를 떠났으며, 공항으로 향했다고 전해 주었다.

뭔가 끔찍한 일이 일어난 게 틀림없다고 생각되었지만, 그 늦은 밤에 어떻게 할 도리가 없었다. 나는 공포에 휩싸여 침대 옆에 무릎을 꿇고서 성경을 뒤적였다. 시편 3편 "내가 누워 자고"에서 손을 멈추었고, 나는 분노했다. "하나님, 저를 놀리지 마세요! 제가 어떻게 잘 수 있겠어요?" 그러나 하나님의 말씀이 그러하기에, 나는 남편을 주님의 손에 맡긴 채 잠이 들었다.

새벽 4시경에 전화벨이 울렸다. 급히 수화기를 들자 남편의 목소리가 들려왔다. "지금 공항으로 나올 수 있겠소?" 남편이 탔던 비행기는 엔진 결함이 생겨 전화기도 없는 한 외딴 비행장에 임시착륙을 한 것이다. 그래서 남편은 다음 달라스행 비행기에 탑승할 때까지 기다려야 했다.

> "이제야 알겠니? 그는 내 것이므로, 내가 그를 돌본단다."

주님은 내게 말씀하셨다. "이제야 알겠니? 그는 내 것이므로, 내가 그를 돌본단다."

사랑의 하나님, 당신께서 제가 사랑하는 사람들을 돌보고 계심을 항상 신뢰하게 하옵소서. 당신의 세심한 돌보심은 전적으로 믿을 수 있기 때문입니다. 예수님의 이름으로 기도드립니다. 아멘.

37. 꿈의 집 - 수 세일해머(Sue Sailhamer)

"여호와께서 집을 세우지 아니하시면 세우는 자의 수고가 헛되며"(시 127:1상).

여러 해 동안 나는 이웃에 있는 어떤 집을 보며 감탄해 왔다. 매우 널찍한 앞뜰과 커다란 그늘을 만들어 내는 두 그루의 나무가 녹색의 정문과 고풍스런 노란색 집에 전원의 매력을 더해 주고 있었다.

'내부는 어떨까?' 궁금했다. 정문으로 향해 놓인 비틀비틀한 벽돌 계단길도 마음에 들었다. 한번은 누가 이 멋진 현관길에 벽돌과 콘크리트를 놓았는지 물어 보려 벨을 누를 용기를 내보기도 했다. 우리 집 현관길도 수리해야 했기 때문이었다.

그 집 이 층을 올릴 때, 나는 일꾼들이 일하는 모습을 매우 주의 깊게 지켜보았다. 몇 년 후, 전보다 더 커지고, 더 멋진 모습으로 변한 이 '꿈의 집'이 팔리게 되었다. 그 이유는 그 집 부부가 이혼했기 때문이란다.

그 후로 몇 년이 더 흘러, 나는 그 노란 색 집에 사는 여자를 만날 수 있었다. 그녀는 내게 새롭게 내부를 수리한 그 집을 구경시켜 주었다. 그녀의 고통스러운 결혼생활에 관한 애기를 들으면서, 나는 눈으로 보이는 그녀의 그 사랑스러운 집과 그녀 마음속의 보이지 않는 고통이 얼마나 뚜렷이 대조되고 있는가를 감지할 수 있었다.

> 나는 눈으로 보이는 그녀의 그 사랑스러운 집과 그녀 마음속의 보이지 않는 고통이 얼마나 뚜렷이 대조되고 있는가를 감지할 수 있었다.

이 새로운 친구와의 만남으로 인해 나는 눈에 보이는 것이 우리를 속일 수도 있음을 다시 한번 깨달을 수 있었다. 부부 간에 사랑이 없다면, 아름다운 새 가구와 멋진 외관인들 무슨 가치가 있겠는가?

나는 우리 집을 하나님의 계획대로 꾸미고 싶다. 비록 '꿈의 집'처럼 보이진 않을지라도 하나님의 방법대로 세워질 수만 있다면, 그 집이야말로 내가 '꿈꾸는 꿈'의 집이 될 것이다.

주님, 당신께서 최고의 건축자가 되심에 감사드립니다. 또한 당신의 계획에 따라 우리 집을 세울 수 있는 청사진을 보여 주심에 감사를 드립니다. 언젠가는 사라질 것이며, 결코 만족감을 줄 수 없는 세상의 최신 풍조보다는 당신의 진리를 사모할 수 있도록 도와주옵소서. 아멘.

38. 당신의 교회는 어떻습니까?

- 메리 로우 윗록(Mary Lou Whitlock)

"하나님의 뜻으로 말미암아 그리스도 예수의 사도 된 바울은 에베소에 있는 성도들과 그리스도 예수 안의 신실한 자들에게 편지하노니 하나님 우리 아버지와 주 예수 그리스도로 좇아 은혜와 평강이 너희에게 있을지어다"(엡 1:1-2).

"내가 너희를 생각할 때마다 나의 하나님께 감사하며 간구할 때마다 너희 무리를 위하여 기쁨으로 항상 간구함은"(빌 1:3-4).

에베소서와 빌립보서에 기록된 교회를 향한 바울의 인사말을 자세히 읽어보라. 만일 바울이 당신과 나의 교회에 편지를 보냈다면, 그의 인사말은 어땠을까? 우리 교회에서 행한 증거들이 멀리 사방으로 퍼졌는가? 우리 교회는 하나님 안에서 거룩하게 된 성도들이 모여 예배드리는 곳이라고 알려졌는가? 우리는 사랑 받는 자들이며, 그리스도 안에서 하나 되어 연합된 자들이라고 불리는가? 또 서로의 짐을 나눠지고, 서로를 돌아보는 자들이라고 알려졌는가?

우리의 갓난 딸아이가 천국으로 떠나고 난 후 그 고통스러웠던 시기에, 우리 가족은 그리스도의 몸 된 공동체로부터 커다란 사랑과 돌봄을 받았다. 그 애는 미성숙한 채 태어난 일란성 쌍둥이 중 하나였고, 다른 애 역시 생명이 위급한 상태였다. 전에는 내가 공동체를 향하여 증거했는데, 그때는 내가 우리를 슬픔과 두려움으로부터 해방시켜 주는 공동체의 기도를 받았다. 예전엔 우리가 그들을 향해 사역을 펼쳤지만,

그땐 우리가 믿음의 가족들로부터 돌봄과 축복과 위로를 받았던 것이다.

이밖에도 성도들의 긍휼어린 위로와 관심이 우리를 지탱해 준 경우가 얼마나 많은가? 나 자신뿐만 아니라 당신 역시 이 질문에 대답할 수 있을 것이다. 관심어린 한 통의 전화, 짧은 방문, 격려의 말 한마디, 간단한 대접, 그리고 기댈 수 있는 어깨 등 이 모든 것이 우리의 짐을 가볍게 한다. 우리 오늘, 하나님께서 우리의 삶에 보내 주신 천사들로 인해 감사의 기도를 드리자.

> 내가 우리를 슬픔과 두려움으로부터 해방시켜 주는 공동체의 기도를 받고 있다.

우리를 사랑하시는 하늘에 계신 아버지, 오직 당신만이 우리에게 필요한 것들을 공급하실 수 있는 분이십니다. 우리가 환란 중에 있을 때 항상 자비와 사랑과 은혜와 긍휼을 베풀어 주시니 감사합니다. 당신이 공급하시는 그 선물들과 그것을 베푸는 자들 모두에게 감사할 수 있도록 도와주옵소서. 아멘.

39. 사소한 것들 - 메리 캐시언(Mary Kassian)

"우리를 위하여 여우 곧 포도원을 허는 작은 여우를 잡으라 우리의 포도원에 꽃이 피었음이니라 나의 사랑하는 자는 내게 속하였고 나는 그에게 속하였구나"(아 2:15-16상).

당신은 우리에게 가장 치명적인 손상을 주는 것이 큰 재난이 아니라 매우 사소한 것이라는 사실을 느껴 본 적이 있는가? 수도꼭지에서 천천히 떨어지는 물방울이 욕조의 색깔을 변질시킨다. 엎지른 커피를 재빨리 닦아내지 않으면 식탁의 표면도 얼룩진다.

포도원을 허는 것은 바로 작은 여우인 것이다.

솔로몬의 아가서에 나오는 '나의 사랑하는 자'가 말하듯, 이는 특히 관계에 대해서 진실로 드러난다. 성의 없는 대답, 사소한 거슬림, 감싸 주지 못하는 마음 등 이 모든 작은 여우들이 꽃이 핀 아름다운 포도원을 허는 데 위협이 되는 것들이다.

관계를 손상시킬 수 있는 이러한 사소한 것들을 '잡아내는' 것은 매우 중요한 일이다. 하나님과의 관계에 있어서 기도와 회개, 하나님과 함께하는 시간, 성령의 부드러운 인도하심은 무시할 수 없는 요소이다. 나는 한 남자의 아내로서 감사와 애정을 표현하는 일 등 사소한 것들에 마음을 쓰지 않을 수가 없다. 이러한 사소한 것들이 한 가정을 피난처요 쉼의 공간으로 만들 수 있으며, 거기에 관심을 기울이고 참여할 수 있는 것이 바로 여성의 능력이다.

> 관계를 손상시킬 수 있는 이러한 사소한 것들을 '잡아내는' 것은 매우 중요한 일이다.

여성은 사랑받음으로 인해서 작은 여우에게 마음을 쓸 수 있다. "나의 사랑하는 자는 내게 속하였고 나는 그에게 속하였구나." 그리고 연합과 친밀함에 헌신함이 그러한 관심을 불러일으킨다. 또한 여성은 친밀함이 가꾸어지는 것이며, 사소한 돌봄으로 유지된다는 것을 알고 있다. 그녀에게 위협을 가하는 것은 거대한 용이 아니라 작은 여우들이다. 당신의 가장 중요한 관계들을 돌아보라. 하나님, 남편, 자녀들, 친구들. 그곳에 오늘, 잡아야 할 작은 여우들은 없는가?

하나님 아버지, 저의 인간관계라는 아름다운 포도원을 허는 작은 여우들을 잡을 수 있도록 도와주옵소서. 당신과, 당신께서 제 삶에 은혜롭게 베푸신 사람들과의 관계에서 연합을 이루고 친밀함을 유지하는 데 필요한 사소한 것들을 간과하지 않도록 도와주옵소서. 아멘.

사모가 사모에게

40. 폭풍 속의 안전 - 잰 오틀런드(Jan Ortlund)

"이에 저희가 그 근심 중에서 여호와께 부르짖으매 그 고통에서 인도하여 내시고 광풍을 평정히 하사 물결로 잔잔케 하시는도다"(시 107:28-29).

몇 년 전 성난 폭풍이 불어 닥쳤을 때 우리 집 지하실이 물에 잠겨 버렸다. 레이(Ray)와 내가 진흙탕 속을 빠져나가면서 내 웨딩드레스를 보관해 둔 상자가 더러운 물 위에 둥둥 떠다니는 것을 발견했을 때, 내 마음은 무너져 내리는 것 같았다. 너무나 낙심한 나머지 나는 상자를 열어보지도 못하고 탁구대 위에 올려서 깨끗한 장소로 옮겼다.

며칠이 지나서, 나는 용기를 내어 상자를 열어보기로 했다. 진흙이 두껍게 쌓인 뚜껑을 열었을 때 나는 그만 놀라고 말았다. 왜냐하면 드레스의 끝부분만 살짝 더러워졌을 뿐, 나머지는 굳게 닫힌 플라스틱 가방 속에서 안전하게 보존되어 있었던 것이다. 방수제로 겹겹이 보관되어 있던 웨딩드레스는 그 더러운 물 속에서도 완벽하게 보존되고 있었다.

이는 당신의 영혼에 있어서도 마찬가지이다. 당신의 영혼은 인생의 폭풍으로부터 보호 받아야만 한다. 목회 사역에 헌신한 인생에도 때론 아무런 경고도 없이 성난 폭풍이 몰아닥치곤 한다. 교회 직원이 간통으로 잡혀가거나, 남편에 대한 나쁜 소문이 떠돌고, 때론 갑작스런 질병이 찾아들기도 한다. 과연 무엇이 하루하루를 살아가는 당신의 영혼을 지켜줄 수 있겠는가?

> 내 웨딩드레스를 보관해 둔 상자가 더러운 물 위에 둥둥 떠다니는 것을 발견했을 때, 내 마음은 무너져 내리는 것 같았다.

하나님은 날마다 당신의 보호자가 되기를 원하신다. 그분을 굳게 붙들라(수 22:5). 그분을 신뢰하라. 당신 내면의 세계를 가꾸라. 하나님이 약속하신 말씀 안에서 안식하라. 하나님이 베푸시는 은혜의 자리로 자주 나아가라(히 4:16). 당신의 영혼이 오직 하나님 안에서만 힘을 얻게 하라(시 62:10). 당신의 영혼으로 인생의 폭풍에 대항하여 맞서게 하라.

주님, 폭풍 가운데서 제자들이 "주여! 우리를 구원하여 주소서. 우리가 침몰하게 되었나이다."라고 했던 것같이, 저 또한 때때로 이렇게 소리치고 싶을 때가 있습니다. 제가 폭풍 가운데 있을 때 제 믿음이 더욱 성숙하게 하시고, 제 마음이 평안케 하옵소서. 조용한 안식처로 저를 이끌어 주옵소서. 당신의 속삭임으로 폭풍이 잠잠케 하옵소서. 예수님의 이름으로 기도합니다. 아멘.

41. 의도된 계획 - 폴릿 워싱턴(Paulette Washington)

"그는 우리의 화평이신지라 둘로 하나를 만드사 중간에 막힌 담을 허시고"(엡 2:14).

당신이 의도된 계획을 가지고 있지 않으면 아무 일도 일어나지 않는다. 현실은 우리가 의도한 모든 것이 이루어진 것일 뿐이기 때문이다. 때로 우리는 우리가 의도하는 것이 무엇인지 확신하지 못할 때도 있지만 여전히 우리가 하려고 하는 일을 스스로 결정한다.

나는 화해와 다양성의 수용에 관하여 마음속으로부터 부담을 가지고 있다. 나는 우리와는 무언가 다른 여성들에게 의도적으로 다가가야 할 필요가 있다는 사실을 깨달아야 한다. 이것이야말로 목회자의 아내인 우리들이 자주 겪는 아픔과 상처임에도 불구하고 실천해야만 하는 참다운 사역이다.

그러나 그럼에도 불구하고 우리는 다른 이들의 삶에 동참하는 것으로부터 자유하지 못한다. 그저 우리는 하나님께서 우리의 모든 필요를 채우실 것과 우리의 상처를 치유해 주실 것을 신뢰할 뿐이다.

우리는 다른 사람들을 향해 사역을 하면서 다양성과 화해의 문제에 관해 생각해 봐야 한다. 하나님께서 우리를 그분과의 관계로 인도하시기 위해 목적과 의도를 가지고 계시듯, 우리 또한 그러한 모범을 따를 수 있다. 이것은 우리와 다른 여성-다른 인종, 다른 교단, 혹은 다른 사회적 지위-에게 다가섬으로부터 시작된다.

> 나는 우리와는 무언가 다른 여성들에게 의도적으로 다가가야 할 필요가 있다는 사실을 깨달아야 한다.

당신 자신에게 지금 무엇을 하고 있는지 자문해 보라. 나는 다른 이들에게 다가서는 것보다 내 자신을 다른 이로부터 보호하는 데 더 많은 시간을 사용하고 있지는 않은가? 하나님은 당신을 목회 사역을 위해 준비하셨고 인도하셨다. 에스더가 "이때를 위함"(에 4:14)이라고 한 것처럼 말이다. 당신과 확연히 다른 이들의 삶 속에서 당신이 어떤 역할을 할 수 있을지 찾아보라. 그리고 확신을 가지고 그들을 향해 다가서라.

당신의 아들을 통해 인간과 막혔던 담을 허물어 주신 하나님, 제가 제 자신의 인간관계를 형성해 갈 때 인종과 사회적 신분의 벽을 의도된 계획을 가지고 넘을 수 있도록 도와주옵소서. 아멘.

42. 그분의 마음 - 메리 K. 몰러(Mary K. Mohler)

"여호와의 눈은 온 땅을 두루 감찰하사 전심으로 자기에게 향하는 자를 위하여 능력을 베푸시나니"(대하 16:9상).

목회자의 아내로서 순례의 여정을 가는 동안 당신은 의심할 여지없이 이런 질문을 받아 보았을 것이다. "피아노 칠 줄 아세요?" 목회자의 아내를 따라다니는 고정관념이 있음은 분명하다. 내가 가르치던 신학생의 아내들 중 한 명이 우리에게 주어진 소명에 대해 질문했다. 우리는 우리가 떠올릴 수 있는 목회자의 아내들에 대한 고정관념을 나열해 보았다. 목록이 완성되었을 때 한 학생이 외쳤다. "나는 저 많은 것들 중에 할 수 있는 것이 아무것도 없어요!" 우리가 섬김을 위한 최대한의 자격을 구비해야 하는 것만큼이나 신속하게 깨달아야 할 사실이 있다. 바로 우리가 끼워 맞춰야 할 어떤 고정된 틀은 존재하지 않는다는 것이다.

당신은 당신이 받은 소명에 대해 질문해 본 적이 있는가? 어떤 목회자의 아내들은 자신은 남편처럼 소명을 받지 않았다는 생각에 고통스러워한다. 이것을 생각해 보라. 우주의 기초가 놓이기 전에 전능하신 하나님께서는 당신의 남편이 목회자로서의 부르심에 응답할 것을 알고 계셨다. 게다가 하나님은 당신이 그 사람과 결혼할 것도 아셨다. 따라서 하나님은 당신이 그저 남편을 돕는 사람이 되도록 준비하신 것뿐만 아니라 그가 하는 목회 사역의 동반자가 되도록 준비하신 것이다.

> 우리는 우리가 떠올릴 수 있는 목회자의 아내들에 대한 고정관념을 나열해 보았다.

하나님은 당신을 다른 누군가가 되도록 부르지 않으셨다. 하나님은 당신이 이 역사의 한 시점에서, 그분이 당신에게 목적하신 바대로 그분의 사역을 완수하고, 그분께 영광을 돌려드리기를 바라신다. 이것이 복음이다. 우리가 염두에 두어야 할 자격이 있다면, 그것은 우리가 온 맘을 다해서 주님의 얼굴을 구하고자 하는 열망뿐이다.

전심으로 당신을 향한 진실한 마음을 가진 자를 적극적으로 찾으시는 하나님 아버지, 우리가 그러한 경외심을 깨달아 하나님이 찾으시는 자가 되게 하옵소서. 우리에게 당신을 향한 갈망과 훈련된 자세와 헌신을 허락하시어 그렇게 행하는 자가 되게 하옵소서. 예수님의 이름으로 기도합니다. 아멘.

43. 궁극적 능력의 원천 - 캐이시 힉스(Kathy Hicks)

"오직 성령의 열매는 사랑과 희락과 화평과 오래 참음과 자비와 양선과 충성과 온유와 절제니 이 같은 것을 금지할 법이 없느니라"(갈 5:22-23).

목회 사역에 동참하는 한 사람의 아내가 된다는 것은 감격적인 일임과 동시에 절망스런 것이다. 많은 기회들, 많은 필요들, 많은 요청들… 때때로 나는 분에 겨운 특권을 누린다. 그러나 또한 나는 때때로 감당할 수 없는 책임과 스케줄에 휘말려 버리기도 한다. 이 문제들에 대처하는 것은 궁극적인 능력의 원천이 되시는 성령님의 능력을 붙드는 것이다.

때때로 나는 내 자신으로부터 능력의 원천을 찾는다. 힘에 부치도록 일하고, 선한 의도를 가지며, 남편과 주님을 부족함 없이 섬기고, 혹은 나 자신은 스스로 실패하지 않는다고 스스로에게 큰 자부심을 갖는다. 이런 것들로써 얼마 동안은 지속할 수 있지만 결국은 점차 지쳐 버리게 되고 만다. 바로 지금 성령의 열매들을 통해 당신이 행사하는 능력의 근원이 어디서 오는지 점검해 보라. 내 마음은 기쁨과 평화를 상실하지는 않았는가? 나는 스스로 절제하지 못하고 불친절한가? 나의 동기는 사랑에서 오는 것인가 혹은 그보다 못한 것인가? 만일 이러한 열매들이 상실되었다면 나는 지금 능력의 근원을 하나님으로부터 받지 않고 내 안에서 스스로 찾고 있는 것이다. 그리고 지금이야말로 자신이 자기중심적이었다는 사실과 또한 돌이켜서 하나님을 의지해야 할 시간이라는 것을 고백해야 할 때이다. 나는 내게 능력을 주시는 그리스도 안에서 모든 것을 할 수 있다. 오직 내가 그분을 인정할 때만 말이다.

> 목회 사역에 동참하는 한 사람의 아내가 된다는 것은 감격적임과 동시에 절망스런 것이다.

인내의 하나님 아버지, 제 자신의 힘으로 당신을 애써 섬기려 했던 것을 용서하여 주옵소서. 당신의 능력을 통해서 성취하는 것만이 영원한 가치와 감동을 지님을 마음에 새기게 하옵소서. '열매를 맺게 하시는 하나님'을 다시금 기억하게 하셔서 성령의 능력으로 생활하지 않은 제 자신을 깨달을 수 있도록 하옵소서. 아멘.

44. 현숙한 여인 - 헤더 올포드(Heather Olford)

"누가 현숙한 여인을 찾아 얻겠느냐 그 값은 진주보다 더하니라"(잠 31:10).

성경 속에는 여성에 관한 이야기들이 자주 등장한다. 사실, 원하기만 한다면 우리의 모든 시간을 할애하면서 그 여성들의 삶에 관하여 공부할 수 있을 것이다. 내게는 잠언 31장 10-31절의 말씀이 현숙한 여성에 관한 모든 것을 말해 주고 있다. 왜인가? 바로 이 말씀이 모든 여성들에 대한 하나님의 표준을 말해 주고 있기 때문이다. 지금 혼자서 기도하는 마음으로 이 본문을 묵상해 보라.

혹시 당신은 이 구절들이 최소한 네 부분의 여성의 신체에 대해 언급하고 있다는 사실을 발견했는가? 여성의 손(31:13,19)은 하나님과 가족, 그리고 이웃을 위해 사용된다. 일하는 자로서 여성은 그녀가 하는 모든 일에 기쁨을 느낀다. 여성의 눈(31:16,18,27)은 가정과 그 너머에 있는 기회들을 바라본다. 여성의 입(31:26)은 그것을 열 때마다 지혜를 말한다. 우리의 입을 열어 지혜와 올바른 지침을 말할 수 있다는 것은 얼마나 놀라운 축복인가! 그리고 그 모든 것들 중에 가장 중요한 여성의 마음(31:11,30)은 남편과 가족, 그리고 그녀의 주님께 보배로운 것이다.

잠언 31장 10-31절은 우리 모두가 순결과 찬양의 삶을 살아가도록 인도해 주는 훌륭한 기준이 되었다. 기준을 상실한 이 시대, 그로 말미암아 규모 있는 삶이 무너져 가는 이 시대에 하나님의 말씀을 향해 돌아설 수 있다는 사실은 놀라운 은혜이다. 이것은 단지 우리가 특정한 법칙과 기준을 가지고 있다는 것이 아니라 진리의 말씀을 소유하고 있음을 보여 주는 것이다. 그리고 이 말씀이야말로 우리가 가진 능력의 비밀이다.

> 잠언 31장 10-31절은 우리 모두가 순결과 찬양의 삶을 살아가도록 인도해 주는 훌륭한 기준이 되었다.

이 본문은 당신과 내게 현숙한 여인 그리고 찬미의 여인으로 살아가라고 도전하고 있다. 순결이 수평적 관계를 보여 준다면, 찬미는 수직적 관계를 보여 준다. 날마다 우리는 성령의 능력이 우리의 모든 관계들을 통제하도록 선포해야 한다. 그러할 때 우리는 그리스도께서 사신 것처럼 순결의 사람 그리고 찬미의 사람으로 살아갈 수 있다.

사랑의 주님, 프랜시스 리들리 해버갈(Frances R. Havergal)이 작사한 "나의 생명 드리니"(348장)와 "내 너를 위하여"(185장)의 찬송가 가사처럼 제 삶을 취하여 주시고 저를 성별하여 주옵소서. 제가 현숙한 여인이자, 아내이자, 어머니이자, 하나님 아버지의 종으로 살아갈 수 있도록 도와주옵소서. 예수님의 이름으로 기도합니다. 아멘.

프랜시스 리들리 해버갈(1836-1879) 영국의 시인이자 찬송가 작사가인 그녀는 어려서부터 작사를 하기 시작했다. 그녀가 작사한 찬송가 중에 가장 널리 알려진 것은 "나의 생명 드리니"(348장), "영광스럽도다 참된 평화는"(472장), "내 너를 위하여"(185장), "누가 주를 따라"(514장)이다. 그녀는 몇 권의 시집을 출판했으며, 산문시를 저술할 만큼 많은 찬송가 가사를 작곡했다.-역자 주

45. 그리스도의 신부 - 리사 라이켄(Lisa Ryken)

"나의 사랑하는 자는 희고도 붉어 만 사람에 뛰어난다…입은 심히 다니 그 전체가 사랑스럽구나 예루살렘 여자들아 이는 나의 사랑하는 자요 나의 친구일다" (아 5:10,16).

나의 남편은 이 세상에서 가장 멋진 사람이다! 잘생겼고, 똑똑하며, 열정적이고, 재미있으며, 운동을 잘하고, 지혜로우며, 낭만적이다. 그리고 좋은 남편일 뿐만 아니라 나의 가장 친한 친구이기도 하다. 나는 가끔 한낮에 그저 이야기하기 위해 그에게 전화하고 싶을 때가 있다. 나는 남편에게 모든 것을 말하고 싶다. 남편은 그 누구보다도 나에 대해 잘 알고 있으며, 어떤 때는 내가 표현하기도 전에 내가 왜 화가 났는지 알고 있기도 하다.

그러나 이러한 멋진 조건들에도 불구하고 나의 남편은 그저 인간일 뿐이다. 그의 머리카락은 우스꽝스럽게 쭈뼛 서 있고, 집안일이나 차 수리 같은 일은 좋아하지 않으며, 전화로 길게 얘기하는 것도 싫어하고, 인내심도 부족하며, 내 생일이나 결혼기념일도 곧잘 잊어버린다. 때로는 그가 나와 함께 있어주거나 내 요구를 들어주길 바라지만 그렇게 하지 못할 때도 있다.

나의 모든 필요를 진정으로 채우실 수 있는 분은 오직 한

분, 바로 나의 신랑 되시는 예수 그리스도이시다. 그분은 나의 남편이고, 나의 연인이며, 나의 친구이다. 나는 내 육신의 남편을 대할 때와 똑같은 열정, 열망, 친밀함, 충실함으로 그분께 다가가야 한다. 내가 한낮에 누군가와 대화를 나누고 싶다면, 나는 기도 속에서 예수님을 만나야 한다. 또한 남편이 내 필요를 채워 주지 못했을 때 그를 비난하기보다는, 나의 모든 필요를 채워 주시는 예수님을 바라보아야 한다.

> 나의 모든 필요를 진정으로 채우실 수 있는 분은 오직 한 분, 바로 나의 신랑 되시는 예수 그리스도이시다.

주님, 저의 연인이자, 친구이며 제 모든 필요를 채워 주시는 예수님으로 인해 당신을 찬양합니다. 그리고 저의 삶을 흡족하게 해주는 남편으로 인해 또한 감사를 드립니다. 제 남편을 인간으로서 바라볼 수 있는 은혜와, 저의 모든 필요를 채워 주시는 예수님을 신뢰할 수 있는 능력을 주옵소서. 아멘.

46. 그분을 기억하세요 - 바바라 휴즈(Barbara Hughes)

"내 하나님이여 내 영혼이 내 속에서 낙망이 되므로 내가…주를 기억하나이다"(시 42:6).

때때로 목회 사역을 감당치 못할 것처럼 보인다. 인간이 겪는 모든 곤경들은 끊임없이 우리를 낙심하게 한다. 나를 가장 힘들게 하는 것은 하나님의 사람들이 함께 지내면서 겪는 여러 갈등들이다. 심지어 서로 사랑해야 하는 가족들조차도 서로 사랑하는 데 어려움을 겪는다. 이런 것들을 볼 때마다 내 영혼은 속에서부터 낙망하고 만다. 나도 몰래 깊은 한숨을 내쉬게 될 때, 그때가 바로 이 본문 안에 기록된 "…되므로"를 생각해야 할 때이다. 이 단어에서 우리는 다윗의 신앙을 볼 수 있다. 다윗은 지금이야말로 우리가 주님을 기억해야 할 바로 그때라고 말하고 있다.

내가 나의 육신의 아버지를 떠올릴 때 나는 단순히 그가 행한 일들만을 떠올리는 것이 아니라 그가 어떤 사람이었는가를 떠올리게 된다. 주님을 기억하는 것도 이와 같다. 즉, 주님을 기억하는 것은 단순히 기도의 응답이나 하나님의 놀라운 일들만을 떠올리는 것이 아니라 그가 내 모든 삶의 전부란 사실을 기억하는 것이다. 즉 그분은 나의 창조자이시고, 중보자이시며, 나의 지혜이시고, 변치 않는 용사이시며, 나의 연인이시고, 나의 은혜이시며, 인도자이시고, 방패이시며, 나의 보호자이시고, 내게 선한 분이시며, 내게 필요한 분이시고, 나의 평화의 왕이시며, 나의 주인이시고 왕이시다.

> 나를 가장 힘들게 하는 것은 하나님의 사람들이 함께 지내면서 겪는 여러 갈등들이다.

주님을 기억할 때 그분은 내 영혼을 일으키시고, 내게 미래의 소망을 주신다. 그분은 우리의 모든 역경 속에서 한번도 우리를 떠나지 않으셨고, 앞으로도 영원히 떠나지 않으실 것이다. 그분은 전능하시며, 그분의 계획은 변치 않을 것이다!

사랑하는 하나님 아버지,
"내가 나의 침상에서 주를 기억하며
밤중에 주를 묵상할 때에 하오리니
주는 나의 도움이 되셨음이라
내가 주의 날개 그늘에서 즐거이 부르리이다
나의 영혼이 주를 가까이 따르니
주의 오른손이 나를 붙드시거니와..."(시 63:6-8).
아멘.

47. 바람 속을 걸으심 - 노엘 파이퍼(Noel Piper)

"내 영혼아 여호와를 송축하라 여호와 나의 하나님이여…
존귀와 권위를 입으셨나이다…
바람 날개로 다니시며 바람으로 자기 사자를 삼으시며…"(시 104:1,3하-4상).

하나님께서 해변을 따라 걸으신다.
우리의 다리와 얼굴에는 바람에 날린 모래알들이 따갑게 부딪힌다.
하나님께서 해변을 향해 내딛으신다.
종려나무가 흔들리고, 그 가지들이 그분 가시는 길에 살며시 뿌려진다.

하나님께서 육지를 향해 걸으신다.
목련, 소나무, 그리고 감람나무
이들은 하나님을 향해 수백 년 동안 그 팔을 뻗쳐 왔으나,
지금, 다시 그분 발 앞에 엎드렸다.

하나님께서 가만히 서서 숨을 내쉬신다.
어둠 속에 갇힌 우리 어둔 눈들이여
크게 떠서 그분의 영광을 바라보라!

> 바람은 당신의 사자가 되어 당신의 위대하심을 바라보도록 우리의 눈을 뜨게 했습니다.

내 영혼이 주를 송축하나이다! 바람으로 당신의 사자를 삼으시며 우리의 눈을 열어 당신의 광대함을 보게 하시니 여호와를 찬양합니다! 아멘.

48. 소원을 비세요 - 조이스 웹스터(Joyce Webster)

"예수께서 일러 가라사대 내게 무엇을 하여 주기를 원하느냐 소경이 가로되 선생님이여 보기를 원하나이다 예수께서 이르시되 가라 네 믿음이 너를 구원하였느니라 하시니 저가 곧 보게 되어 예수를 길에서 좇으니라"(막 10:51-52).

당신이 예수님과 얼굴을 맞대어 본다고 상상해 보라. 예수님께서 당신에게, "내가 무엇을 하여 주기를 원하느냐?"라고 물으신다면 당신은 뭐라고 대답하겠는가? 소경은 주저 없이 대답했다. 보기를 원한다고….

마술로 풀 수 있는 소원은 이야기 속에서나 중요할 법 하지만, 이 소경은 "소원을 비세요."처럼 마법이 통하는 상황에 있지 않았다. 그는 하나님의 면전에 있었던 것이다. 그리고 바로 거기서 그가 원하는 무엇이나 구할 수 있는 자유를 허락 받았다. 예수님은 소경에게 단지 시력만을 허락하시지 않으시고, 그가 예수님을 따를 수 있도록 새로운 삶을 허락해 주셨다. 하나님은 우리의 요구에 대한 그분의 해답으로 인해 우리가 그분을 따를 수 있을 때 그 요구를 이루어 주신다.

어느 날, 예수님께서 이 소경을 마주치신 이 본문 전체를 읽다가 나는 내 마음을 점검해 보게 되었다. 만일 나라면 무엇을 구했을까? 이 질문은 내게 소중한 것이 무엇인지 깨닫게 해 주었다. 나는 하나님께서 나를 인도하시는 곳이 어디인지,

그리고 그분을 따르는 삶이 내 삶 속에서 어떻게 이루어질 것인지 분명하게 볼 수 있었다.

만일 주님을 따르는 삶 속에 아무런 제한이나 장애물이 없다면 나는 무엇을 하나님께 구할 것인가? 우리는 그분이 가진 능력과 긍휼과 지식이 끝이 없다는 사실을 알고 있다. 하나님이 어떤 분이신지에 대한 이해는 무한한 가능성의 문을 열어 준다. 당신이 소원하는 것들을 적어 보라. 그리고 이것을 들고 하나님의 전에 나아가라. 그러면 하나님은 어떤 것은 더 하시고 어떤 것은 제하실 것이다. 그분이 아무런 제한 없이 당신의 마음속에 들어오도록 하라. 그분은 당신 영혼에 진정한 만족을 주실 것이다.

> 만일 나라면 무엇을 구했을까?

하나님 아버지, 제가 바라는 것을 주저함 없이 당신께 고백하게 하옵소서. 당신은 제가 생각하기 전에 이미 나의 삶의 모든 세밀한 것을 알고 계십니다. 또한 제가 당신에 대해 생각할 때, 제 마음을 감찰하시는 주님을 기꺼이 받아들임으로써 제 영혼이 만족할 수 있다는 것을 확신하게 하옵소서. 주님, 저 역시 보기를 원합니다. 아멘.

49. 하늘나라의 회계장부
- 도로시 켈리 패터슨(Dorothy Kelley Patterson)

"하나님이 불의치 아니하사 너희 행위와 그의 이름을 위하여 나타낸 사랑으로 이미 성도를 섬긴 것과 이제도 섬기는 것을 잊어버리지 아니하시느니라"(히 6:10).

남편과 내가 예루살렘에 머물고 있을 때 우리는 억울한 일로 인해 고소를 당했다. 우리는 과부를 돌보기로 했다. 우리는 그녀의 재산을 관리해 주었고, 그녀의 집안 물품을 수리해 주었으며, 정원도 가꿔 주었고, 그녀의 차도 관리해 주었다. 또한 우리는 한 학생을 고용하여 그녀를 위해 운전도 해주고, 심부름도 하며, 필요할 때는 밤새도록 그녀의 집을 지키도록 했다. 그녀는 행복해 보였고 모든 것에 만족해하는 것 같았다. 적어도 같은 교회에 출석하던 교활한 한 변호사가 그녀의 마음에 불만의 씨를 뿌려 놓기 전까지는 말이다. 그는 그녀의 모든 부동산 관리에 대해 우리를 고소하도록 부추겼다. 그녀는 가진 수표가 없었기 때문에 자신의 부동산을 유지할 수가 없었다. 비록 그녀가 스스로 유지하길 원한다 할지라도 그러했다(물론 그녀는 그것을 원하지도 않았다). 이 일은 순식간에 법정까지 갔고, 그 대가로 그 변호사는 많은 돈을 거머쥐게 되었다.

시간과, 힘과, 심혈과, 사랑을 쏟아 부어 준 그 사람으로부터 고소당한다는 것은 정말 황당한 사건이었다. 또한 이 사건에 관한 기사를 뉴스의 머리기사로 읽게 되고, 마치 우리를 고소한 악한 변호사의 말이 모두 사실인 것처럼 사람들에게 인식되는 것은 정말 참기 힘든 것이었다. 그러나 어느 날 집에 돌아왔을 때, 누군가가 보내준 카드가 우리를 기다리고 있었고, 그 카드엔 히브리서 6장의 성경 말씀이 적혀 있었다. "하나님은 불의치 아니하사 너희 행위와 그 이름을 위하여 나타낸 사랑으로 이미 성도를 섬긴 것과 이제도 섬기는 것을 잊어버리지 아니하시느니라." 이 구절은 주님께서 우리가 당신의 이름으로 행한 모든 일들을 다 기록하고 계신다는 사실을 상기시켜 주었다. 그리고 우리는 그것으로 족했다.

> 이 구절은 주님께서 우리가 당신의 이름으로 행한 모든 일들을 다 기록하고 계신다는 사실을 상기시켜 주었다.

주님, 제가 무엇이든지 당신의 이름으로 하는 것을 기록하고 계시니 감사합니다. 제가 섬기는 자들에게—믿는 자들에게조차도—부당한 대우를 받음으로 인해 감사하는 마음이 사라질지라도 당신의 말씀대로 당신께서 계속해서 지켜보고 계시다는 사실을 기억함으로 위로 받게 하옵소서. 당신은 당신의 이름으로 행한 모든 일들을 잊지 않으시고 당신의 때에 보상해 주시는 분이십니다. 아멘.

50. 노를 저으세요! 그리고 기도하세요!

- 캐이시 채플(Kathy Chapell)

"내게 능력 주시는 자 안에서 내가 모든 것을 할 수 있느니라" (빌 4:13).

몇 년 전 우리는 아이들과 함께 카누를 타러 갔다. 나는 세 살배기 딸과 함께 배의 앞쪽에 앉았고, 남편과 아들들은 뒤에서 노를 저었다. 우리가 전망 좋은 어느 지점을 돌 때까지는 모든 것이 순탄했다. 그런데 순간 우리 앞에 수백 미터 떨어져 가던 배가 갑자기 사라졌다. 갑자기 아래로 떨어지면서 시야 밖으로 벗어난 것이었다. 우리는 강을 따라 폭포를 향해 흘러가고 있었던 것이다. 나는 강 아래로 흘러가는 물줄기를 볼 수 있었다. 그랬다! 강물은 순간적으로 매우 빠르고 거칠게 변했다. 세 살배기 딸은 울기 시작했고, 남편은 뒤에서 "얘들아, 노를 저어! 더 빨리!"라며 소리쳤다.

"그리고 기도해요!" 한 손으로 어린 딸을 꼭 끌어안고 다른 한 손으로는 배의 모서리를 붙든 채 나는 힘껏 소리쳤다. 밑을 향해 떠내려가던 우리는 결국 벼랑을 지나 아래에 있는 웅덩이 쪽으로 건너가는 데 성공했다. 우리는 소리치며 환호했다. 비록 물에 푹 젖었지만 해내고 말았다. "우린 해냈어! 야호!" 아이들은 공중에 노를 저어대며 외쳤다. 나 역시 "주님, 감사합니다!"라고 목청껏 외쳤다.

이 장면은 종종 내 마음에 찾아든다. 우리가 바쁜 일들 속에서 최선을 다해 일할 때, 사람들과 오가며 만날 때, 축구 경기나 음악 레슨 등의 일들을 할 때 우리는 아래로 빠르게 흘러가는 강물을 거슬러 우리 힘을 다해 노를 젓는다. 물론 우리는 노를 저어야 한다. 그러나 기도를 잊어서는 안 된다. 당신의 가족과 목회 사역, 그리고 당신의 인생을 기뻐하라. 그러나 주님을 구하는 것을 잊어서는 안 된다. 그분은 우리 삶에 놓여진 일들을 감당할 만한 힘과 능력을 주신다. 그러므로 노를 저으라. 그리고 기도하라.

"얘들아, 노를 저어! 더 빨리! 그리고 기도해요!"

우리를 사랑하시는 능력의 하나님 아버지, 당신이 늘 제 곁에 계심으로 인해 당신을 찬양합니다. 저는 당신에게 간구할 수 있으며, 당신은 제 간구를 들어 주십니다. 주님 감사합니다. 아멘.

51. 어두운 그늘 - 진 헨드릭스(Jeanne Hendricks)

"내 형제들아 너희 중에 미혹하여 진리를 떠난 자를 누가 돌아서게 하면 너희가 알 것은 죄인을 미혹한 길에서 돌아서게 하는 자가 그 영혼을 사망에서 구원하며 허다한 죄를 덮을 것이니라"(약 5:19-20).

아이가 어머니의 사랑과 훈계를 의도적으로 거절하고 무시해 버리는 것만큼 어머니의 마음을 찢어 놓는 일은 없을 것이다. 예수님께서는 집을 나간 방탕한 아들의 비유를 통해서 이러한 가정적 비극을 우리에게 보여 주셨다(눅 15:11-32). 너무도 잘 알려진 이 이야기는 21세기를 살아가는 오늘날에도 끊임없이 재연되고 있다. 방탕한 아들은 자기에게 돌아올 분깃을 받고는 곧 집을 떠난다. 그리고 얼마 지나지 않아 자신의 돈을 허랑방탕하게 허비하고선 결국 종노릇을 하며 돼지나 먹는 쥐엄나무의 열매로 배를 채우기에 이른다.

이 방탕한 아들은 모든 것을 다 잃어버린 채 비참한 모습으로 비틀거리며 집으로 돌아온다. 그런데 아버지는 아들을 발견하자마자 즉시 달려 나가 두 팔을 벌려 이 아들을 맞고, 기쁨에 겨워 잔치를 베푼다. 이것이야말로 오늘을 살아가는 부모들이 배워야 할 교훈이다. 간혹 어떤 크리스천 가정들은 비통해하며 돌아오는 이 방탕한 아들을 향하여 두 팔을 벌려 맞이하고 기쁨의 잔치를 베풀기보다는, 도리어 그가 받아 마땅한 처벌을 내리거나 아예 그 아들을 무시해 버린다. 우리는 너무나 자주 이 집을 떠났던 방탕한 아우를 맞이하기를 거부하는 큰 형처럼 행동해 버린다. 그의 지난 과거를 덮어 주거나 용서해 주고 다시금 사랑해 주기를 거부하는 것이다.

예수님께서 말씀하신 회복은 우리가 오직 하나님만이 모든 불의를 심판하신다는 사실을 받아들이는 것이다. 우리의 과제는 상처를 치유하시고, 싸매어 주시며, 회복케 하시는 그분의 놀라운 은혜를 함께 기뻐하는 것이다. 잃은 양 한 마리를 찾으면 목자는 기쁨으로 그 양 한 마리를 어깨에 메고 집으로 돌아간다. 예수님께서는 죄인 하나가 회개하면 천국에서 하나님의 천사들이 기뻐한다고 말씀하신다. 과연 우리는 어떠한가?

> 우리의 과제는 상처를 치유하시고, 싸매어 주시며, 회복케 하시는 그분의 놀라운 은혜를 함께 기뻐하는 것이다.

오늘날 우리 사회는 젊은이들에게 너무도 위협적인 장소가 되어 버렸다. 우리 여성들은 영향력을 발휘해야 하고, 길을 잃어 방황하는 잃은 양들을 찾아 나서야 한다. 야고보서 5장 19-20절에서 말씀한 것처럼 말이다. "내 형제들아 너희 중에 미혹하여 진리를 떠난 자를 누가 돌아서게 하면 너희가 알 것은 죄인을 미혹한 길에서 돌아서게 하는 자가 그 영혼을 사망에서 구원하며 허다한 죄를 덮을 것이니라."

하늘에 계신 하나님 아버지, 사랑할 수 없는 저의 가족들을 사랑할 수 있도록 힘을 주옵소서. 또한 제가 부활과 회복의 경건한 중재자가 되게 하여 주옵소서. 예수님의 이름으로 기도합니다. 아멘.

52. 하나님의 선한 일 – 수 세일해머(Sue Sailhamer)

"우리가 알거니와 하나님을 사랑하는 자 곧 그 뜻대로 부르심을 입은 자들에게는 모든 것이 합력하여 선을 이루느니라"(롬 8:28).

아버지께서 돌아가시던 날은 세상이 영원히 변해 버린 날이었다. 나는 그날을 항상 기억할 것이다. 당시 아버지는 57세셨고 내 삶의 영웅이셨다.

아버지께서 심장마비로 쓰러지셨다는 전화 연락을 받은 어머니와 나는 단숨에 병원으로 달려갔다. 병원을 향해 운전해 가던 45분의 시간이 마치 영원처럼 길게 느껴졌다. 우리가 병원에 도착했을 때 삼촌은 벌써 병원에 도착해 계셨고, 삼촌의 첫 마디는 너무도 슬픈 소식이었다. "이미 늦었습니다.…"

목요일 아침, 아버지는 성경 공부를 일찍 마치신 후 자전거를 타고 먼 길을 떠나셨다. 약 56킬로미터쯤 이르렀을 때 아버지는 갑자기 심장에 이상을 느끼고 쓰러지셨다. 마침 비번이던 소방서 직원이 아버지가 쓰러져 고통스러워하시는 모습을 보고 즉시 인공호흡을 시도했다. 한편, 만일 아버지를 향한 하나님의 계획이 좀더 남아 있었다면 하나님은 아버지의 육신의 생명을 연장시켜 주셨을 것이라고 생각하니 위로가 되기도 했다.

아버지의 책상 위에는 그날 아침 아버지께서 읽으셨던 성경이 펼쳐져 있었다. 빌립보서 1장 21절이었다. 그날 아침에 아버지는 이 메시지로 학생들을 가르쳤다: "내게 사는 것이 그리스도니 죽는 것도 유익함이니라." 아버지께서 마지막으로 이 말씀을 묵상하셨다는 사실은 우리에게 커다란 위로가 되었다. 그 일이 있은 후로 벌써 27년의 세월이 흘렀다. 그리고 지금껏 나는 내 인생에 행하신 하나님의 선한 일들을 증거해 왔다. 지금의 내 멋진 남편은 나의 새로운 영웅이다. 물론 그도 아버지를 알고 있다. 또한 우리의 두 아들을 아마도 아버지께서 보셨다면 무척이나 자랑스러워했을 것이다.

> 만일 아버지를 향한 하나님의 계획이 좀더 남아 있었다면 하나님은 그의 육신의 생명을 연장시켜 주셨을 것이라고 생각하니 위로가 되기도 했다.

아버지께서 돌아가신 후 몇 년이 지나서, 어머니는 재혼을 하셨다. 그리고 15년 동안 새로운 결혼생활을 누리시다가 다시금 먼저 남편을 '영원한 집'으로 떠나보내셨다. 또다시 어머니는 과부가 된 것이다. 그러나 하나님은 신실하셨다. 우리 인생의 가장 어두운 순간에도 우리가 하나님을 바라본다면 우리는 하나님만이 주실 수 있는 하늘의 평안을 맛볼 수 있을 것이다.

주님, 제 인생에 있었던 크고 작은 고난의 사건들을 엮으셔서 당신이 베푸시는 은혜의 사건들이 되게 하심을 제가 믿습니다. 제가 기쁨의 순간에 당신을 신뢰했던 것처럼 슬픔의 순간에도 당신을 신뢰할 수 있도록 도와주옵소서. 아멘.

53. 진리를 찾아서 - 메리 로우 윗록(Mary Lou Whitlock)

"사랑은 오래 참고 사랑은 온유하며 투기하는 자가 되지 아니하며 사랑은 자랑하지 아니하며 교만하지 아니하며 무례히 행치 아니하며 자기의 유익을 구치 아니하며 성내지 아니하며 악한 것을 생각지 아니하며 불의를 기뻐하지 아니하며 진리와 함께 기뻐하고 모든 것을 참으며 모든 것을 믿으며 모든 것을 바라며 모든 것을 견디느니라 사랑은 언제까지든지 떨어지지 아니하나"(고전 13:4-8상).

우리의 문화 속에서 진리는 매우 희귀한 것이 되어 버렸다. 그리고 종종 진리를 사랑하는 자들조차도 인생의 지침과 해답에 관한 유일한 진리의 원천을 찾는 데 실패한다. 그러나 어쩌면 진리는 우리가 앉은 식탁이나 우리가 누운 침대 밑에 있을 수도 있다. 분수대처럼 말이다. 우리는 우리의 필요나 위기, 그리고 중대한 결정들에 관한 긴 목록을 가지고 있다. 그리고 이것들을 어떻게 다룰지 몰라 갈팡질팡하곤 한다. 우리는 진리이신 하나님의 말씀이 이런 영역들 속에 스며들도록 하고 있는가? 우리가 처한 상황 속에서 선하고 경건한 대처를 할 수 있도록 적절한 원리나 성경의 구체적인 장과 절 등을 찾고 있는가?

우리 아내들은 한 지붕 아래 사는 우리 가족들이 가진 많은 문제들을 해결하기 위해 격려와 위로, 위안, 계획 등을 말하고 들어주며 힘에 겹도록 노력한다. 그리고 이러한 것들을 잘 구성하여 우리 가족이나 혹은 진리 안에서의 모든 한 가족들의 삶이 위대해질 수 있도록 하기 위해 노력한다. 그러나 이러한 것들을 가장 잘 해결할 수 있는 방법은 진리에 도달하는 것이다. 그러기 위해 우리는 종종 고난의 절정을 맞게 된다.

우리의 유일한 소망은 기독교의 교리와 믿음에 뿌리를 내리는 것이다.

> 우리가 처한 상황 속에서 선하고 경건한 대처를 할 수 있도록 적절한 원리나 성경의 구체적인 장과 절 등을 찾고 있는가?

오늘, 잠시 멈추어 서서 우리의 삶이 어떠해야 하는지 우리 인생의 사건들을 기록하시는 인생의 저자이신 하나님께 여쭈어 보도록 하자. 그리고 우리가 마주치는 사람들과 우리가 내려야 할 결정들에 관한 그분의 진리와 지혜를 구하자. 우리 배우자와 아이들과 이웃과 교회 성도들의 삶을 위로하기 위해 우리는 어떻게 해야 할까? 성경은 우리들의 관계 속에 있는 모든 진리의 열쇠를 가지고 있다. 바울이 고린도전서 13장 6절에서 아름답게 언급했듯이, 사랑은 "진리와 함께 기뻐한다."

하늘에 계신 사랑하는 하나님 아버지, 오늘도 우리가 인생을 살아갈 때 당신의 진리를 깊이 묵상하며 심사숙고할 수 있도록 도와주옵소서. 우리의 언행이 사랑 안에서 생활화될 수 있도록 능력을 주옵소서. 아멘.

54. 그리스도를 본받아 - 메리 캐시언(Mary Kassian)

"그러므로 사랑을 입은 자녀같이 너희는 하나님을 본받는 자가 되고 그리스도께서 너희를 사랑하신 것같이 너희도 사랑 가운데서 행하라 그는 우리를 위하여 자신을 버리사 향기로운 제물과 생축으로 하나님께 드리셨느니라"(엡 5:1-2).

내 목소리, 내 표정, 심지어 내가 화났을 때 내뱉는 말들까지도… 우리 어린 아들은 사고뭉치 강아지를 야단칠 때마다 내 모습을 정확히 흉내 낸다. 내가 봐도 스스로 부끄러운 모습들인데, 마치 이런 내 모습을 스스로 관찰할 수 있도록 하나님께서 내 앞에 거울을 놓아두신 것 같다.

아이들은 부모의 특이한 행동들을 본받는다. 요한복음 8장 41절에서 예수님은 바리새인들을 향하여, "너희는 너희 아비의 행사를 하는도다."라고 하시며 그들을 책망하셨다. 그들의 유전과 행동은 그들이 하나님의 자녀가 아니라 마귀의 자녀라는 사실을 보여 준 것이었다. 하나님의 자녀들은 하나님을 닮은 행동을 한다. 왜냐하면 그들은 하나님을 본받기 때문이다.

무언극을 본 적이 있는가? 무언극은 고대 그리스와 로마 시대부터 인기 있는 오락의 한 형태였다. 연기자나 코미디언은 실존 인물의 가면을 쓰고 관객들 앞에서 그 사람의 흉내를 낸다. 가면을 쓴 사람은 실존 인물과 거의 똑같이 행동할 수 있는 모방의 달인이어야 한다.

하나님을 모방하는 사람으로서 우리는 그분의 형상을 드러내기 위해 그리스도의 행동과 습관을 따라야 한다. 그가 사랑하시므로 우리도 사랑해야 하고, 그가 용서하시므로 우리도 용서해야 하며, 그가 친절하시므로 우리도 친절해야 하고, 그가 겸손하시므로 우리도 겸손해야 한다. 그가 다른 이들을 위해 자신을 부인하셨으므로 우리도 다른 이들을 위해 자신을 부인해야 한다.

> 예수님을 본받는 것, 특히 그의 사랑과 희생을 본받는 것은 그의 사랑받는 자녀들이 몸소 실천해야 하는 것이다.

무언극과 달리 이러한 행동은 그냥 흉내 내는 것이 아니다. 이것은 우리가 그리스도의 형상으로 변화되어가는 과정이다. 우리가 그를 본받는 동안 우리는 점점 그를 닮아가고 있는 것이다.

사랑의 하나님 아버지, 제가 당신의 아들 예수 그리스도를 닮아 갈 수 있도록 도와주옵소서. 제가 그의 사랑으로 사랑하고, 그의 용서하심 같이 용서하며, 그가 겸손하셨던 것처럼 겸손할 수 있는 법을 배우기 원합니다. 오늘 하루도 예수님의 모습으로 더 많이 변화되게 하옵소서. 아멘.

55. 남편을 위한 하나님의 선물 - 잰 오틀런드(Jan Ortlund)

"아내를 얻는 자는 복을 얻고 여호와께 은총을 받는 자니라"(잠 18:22).

당신은 하나님이 당신의 남편에게 주신 선물이다. 이것은 마치 하나님이 당신의 남편을 창조하셨을 때, "앞으로 평생 동안 나를 위해 섬길 이 사람을 내가 무엇으로 축복할까? 그를 위한 나의 사랑을 어떻게 보여 줄 수 있을까? 그래! 이거야! 내가 _____(당신의 이름을 적어보라.)를 만들어 그를 사랑하고 보살피도록 해야지. 그리고 그들의 마음을 하나로 만들어야지. 이 여자가 나를 섬기며 그에게 선을 행하고 악을 행하지 않을 거야. 그는 여자를 더욱 신뢰하게 되며 이 여자야말로 인생이 주는 다른 어떤 선물들보다 더욱 값진 선물이란 사실을 알게 될 거야."라고 말씀하신 것과 같다.

하나님은 당신이 그리스도의 영광을 위해 다른 이들을 섬기도록 헌신된 한 사람과 함께 살도록 하셨다. 당신의 남편에게는 당신이 필요하다. 당신이야말로 그가 위로 받고 힘을 얻으며 상담 받을 수 있는 유일한 사람이다. 그는 자신의 사역 속에서 당신의 도움과 참여를 필요로 한다. 그는 당신이 자신의 사역이 가지는 영원한 중요성을 존중해 주고 이해해 줌으로써 자신에게 호의를 보여 주기 원한다.

어떻게 하면 당신은 남편을 위한 하나님의 선물이 될 수 있을까?

> 하나님은 당신이 그리스도의 영광을 위해 다른 이들을 섬기도록 헌신된 한 사람과 함께 살도록 하셨다.

- 당신의 선한 말로써 그를 세워 줄 것(엡 4:29).
- 당신의 가사를 돌볼 것(잠 31:27).
- 원수 갚는 것을 하나님께 내어드릴 것(롬 12:19).
- 두려움 없이 옳은 일을 행할 것(벧전 3:6).

당신은 하나님이 당신의 남편에게 주신 선물이다. 하나님은 당신을 만드셔서 당신 남편의 육체적, 영적, 지적인 필요를 채우도록 하셨다. 당신 자신을 당신이 맺은 결혼의 관계 속에 헌신하라. 그리고 당신이 사는 모든 날 동안 당신의 남편에게 선을 행하라.

하나님, 제 남편을 잘 보필하기보다는 방해물이 되었던 것에 죄송함을 금치 못합니다. 성급하고 영적이지 못했던 저를 용서해 주옵소서. 당신이 제게 허락하신 이 남편을 잘 보필할 수 있도록 제 마음을 열어 주옵소서. 저의 전 생애를 통해 남편에게 해가 되기보다는 선한 것을 제공하는 아내가 되도록 도와주옵소서. 주님의 이름으로 기도합니다. 아멘.

56. 신실함의 능력 - 폴릿 워싱턴(Paulette Washington)

"이제부터는 너희를 종이라 하지 아니하리니 종은 주인의 하는 것을 알지 못함이라 너희를 친구라 하였노니 내가 내 아버지께 들은 것을 다 너희에게 알게 하였음이니라" (요 15:15).

투명함이 목회 사역에 있어서 효과적인가에 대해서 비판적인 사람들이 있다. 아이러니컬하게도 우리 안에 있는 모든 것들은 우리를 투명함에서부터 멀어지게 만드는 것처럼 보인다. 여러 경험들과 활동들을 해본 다음 우리는 우리 자신을 다른 이들로부터 감추는 것이 더 안전하다는 결론을 맺는다. 사실 그 말이 옳다. 우리 자신을 다른 이들로부터 감추고, 그들로 하여금 우리의 진정한 모습을 알거나 보지 못하게 하는 것이 안전하다.

하지만 목회 사역의 진정한 능력은 하나님께서 우리의 안전과 보호를 책임져 주신다는 확신에서부터 나온다. 투명하게 되고자 하는 의지적인 결단을 통해서 우리의 진정한 모습이 다른 이들에게 알려지게 될 때, 비로소 우리는 관계들 속에 신뢰라는 건물을 향하여 길을 닦을 수 있게 된다. 이러한 신뢰가 없이는 관계가 자라나지 않는다. 도리어 관계를 무너뜨린다. 관계는 투명성 위에서 세워진다. 그러나 그 투명성 때문에 우리는 상처를 입기도 한다.

이럴 때 그 문제의 열쇠는 바로 우리가 하나님 안에 있다는 확신이다. 이러한 확신이 없다면 우리는 의미 있는 관계 성장을 위해서 꼭 필요한 이러한 위험을 극복할 수 없다.

> 관계는 투명성 위에서 세워진다. 그러나 그 투명성 때문에 우리는 상처를 입기도 한다.

오늘, 이 위험을 극복하라. 그리고 신실하고 투명해지라. 거기엔 언제나 당신을 아프게 할 요소들이 숨어 있겠지만 이러한 과정 속에서 세워진 것은 값진 것이다.

주님, 당신만이 유일한 나의 신뢰의 대상이며 안전히 거할 곳이 되도록 도우소서. 그러한 믿음 안에서 주님을 기꺼이 받아들이며, 주께서 저를 다른 사람들에게 투명하며 열린 자가 되도록 하실 것을 믿사옵나이다. 아멘.

57. 목회자의 아내라는 특권 - 메리 K. 몰러(Mary K. Mohler)

"너희는 돌아보아 하나님 은혜에 이르지 못하는 자가 있는가 두려워하고 또 쓴 뿌리가 나서 괴롭게 하고 많은 사람이 이로 말미암아 더러움을 입을까 두려워하고" (히 12:15).

당신은 가끔 외딴 섬에 살고 있는 것처럼 느낄 때가 있는가? 당신의 남편은 또다시 다른 모임에 가버리고, 아이들은 자기들 일로 정신이 없고, 당신이 맺고 있는 우정 또한 당신이 원하는 것만큼 깊지 못하다. 아마도 친구들은 당신이 자신들의 친구가 되기에는 너무 바쁘고 또한 너무 중요한 사람이라고 생각하는 것 같다. 외로움은 우리의 일상 속으로 살며시 기어들어와 칡넝쿨처럼 광범위하게 퍼져 간다.

목회자의 아내로서, 우리 중 많은 이들이 아주 사소한 것에조차 시기심을 품게 된다. 평신도의 마당에 있는 잔디가 항상 더 푸르러 보인다. 나는 남편의 심방을 요청하는 사람들의 카드를 정리하는 한 목사님의 아내에 대해 들은 이야기가 있다. 그녀는 성직이 아닌 세상적인 직업을 가진 사람이 성공한 것처럼 보인다고 말했다. 또한 그들은 다른 이들의 긴급한 상황에 의해 방해 받을지도 모른다는 걱정조차 없이 휴가를 떠나곤 한다.

사모들이여, 우리는 한걸음 물러서서 목회자의 아내인 우리들이 얼마나 커다란 특권을 가졌는지 생각해 보아야 한다. 물론 불편한 점도 있고, 사람들이 지나치게 자주 남편을 찾는 점이나 시간을 빼앗기는 점에 대해 화가 날 때도 있다. 하지만 이런 욕구 불만으로 인해 우리 안에 쓴 뿌리가 생기지 않도록 주의해야 한다. 쓴 뿌리는 당신을 넘어뜨리기 위해 사탄이 사용하는 최고의 무기다. 견디기 힘든 상황 속에서도 최선을 다해 보라. 남편과 함께 데이트할 수 있도록 가족의 특별 행사 계획을 융통성 있게 세워 보라. 교회는 가족에게 우선순위를 둔 그 계획을 존중해 줄 것이다.

외로움은 쓴 뿌리가 생겨나게 한다. 이런 일이 당신에게 일어나지 않도록 하라.

> 외로움은 우리의 일상 속으로 살며시 기어들어와 칡넝쿨처럼 광범위하게 퍼져 간다.

주님, 우리가 겪는 아주 작은 고통이 있을 때마다 당신 앞에 나아가 간구하게 하옵소서. 예수 그리스도 안에 넘치는 은혜로 말미암아 오직 당신만이 우리의 모든 필요를 채우시는 유일한 분임을 다시 기억하게 하옵소서. 아멘.

58. 그분의 작품 - 캐이시 힉스(Kathy Hicks)

"우리는 그의 만드신 바라 그리스도 예수 안에서 선한 일을 위하여 지으심을 받은 자니 이 일은 하나님이 전에 예비하사 우리로 그 가운데서 행하게 하려 하심이니라" (엡 2:10).

남편과 나는 20년 동안 기독교 협의 기관에서 일했다. 여러 해 동안 나는 기술적인 공예 프로그램들을 진행했다. 나는 기쁜 마음으로 사람들에게 그들의 창의성을 발휘할 수 있도록 물질과 기회를 제공해 주었고, 그러한 창작 활동들 속에서 그들과 함께 기쁨을 나눴다. 특히 예술적 감각이 뛰어난 사람들이 평평한 나무상자와 같은 간단한 재료를 가지고 예술적 작품을 만들어 낼 때면 더더욱 흥미를 느꼈다. 이들이 만드는 것을 보는 사람들은 누구나 다 멈춰 서서 그들의 작품에 감탄했을 것이다.

에베소서 2장 10절에 나오는 "만드신 바"라는 말은 어떤 일을 하는 사람이 가진 솜씨를 보여 준다. 어떤 사전은 이것을 "제작 과정이 진행 중인 어느 특정한 제품을 만드는 것"이라고 정의한다. 작가의 서명이 새겨진 작품이 그 작가로 인해 가치 있게 되는 것처럼, 우리도 우리를 만드신 그분으로 인해 가치 있게 된다. 우리는 하나님의 '만드신 바'이다. 그래서 "하나님은 실패작으로 만들었다."고 표현하지 않으신다.

우리는 진정한 존재의 이유를 가지지 못한 단순한 기술적 제품들이 아니다. 우리는 "선한 사업을 위하여 하나님이 창세 전부터 예정하시고 그 안에서 행하게 하기 위한" 특정한 목적에 의해 지음 받았다. 우리는 그분의 지으심에 대해 만족할 수 있으며(시 139:13-16), 우리의 독자적인 재능과 은사를 기뻐할 수 있다. 다른 사람처럼 되려고 하거나 그들이 이룬 사역을 모방하려고 애쓰지 말라. 하나님께서 원하시는 당신의 모습 안에서 최선을 다하라. 그리고 그분으로 하여금 당신을 통해 이루고자 하시는 선한 사업을 이루시도록 하라.

> 작가의 서명이 새겨진 작품이 그 작가로 인해 가치 있게 되는 것처럼, 우리도 우리를 만드신 그분으로 인해 가치 있게 된다.

놀라우신 창조자 하나님, 제 삶에 목적을 세우시고 이루어 가시니 감사드립니다. 제가 당신이 하시는 일을 볼 수 있게 하옵소서. 그리고 저를 향하신 계획대로 선한 일을 할 수 있도록 제게 힘을 주옵소서. 아멘.

59. 푯대를 향하여 - 헤더 올포드(Heather Olford)

"푯대를 향하여 그리스도 예수 안에서 하나님이 위에서 부르신 부름의 상을 위하여 좇아가노라"(빌 3:14).

푯대를 향하여 달려가기 위해 우리는 뒤의 것을 잊어버리고 우리 앞에 놓여진 것을 향해 나아가야 한다(빌 3:13). 혹시 실패한 경험이 있었다면 그러한 경험들은 용서되고 또 잊혀져야 한다. 사실 우리에게 있어서 과거의 실패를 잊어버리는 것은 힘든 일이다. 그러나 우리는 반드시 그렇게 해야 한다. 우리는 과거의 성공 또한 잊어야 한다. 만일 그것들이 우리를 격려해 주는 것이라면 그것은 축복이다. 그러나 그것으로 인해 우리가 앞에 놓인 새로운 것을 향해 달려가기보다는 그저 과거에 머물러 있기만 한다면, 그것은 우리 삶의 경주에 커다란 장애가 된다.

목회 사역에 헌신된 여성으로서, 특히 목회자의 아내로서 우리는 우리를 위해 계획된 길을 알기 위하여 모험을 할 수 있어야 한다. 에베소서 2장 10절의 말씀을 우리가 깨닫게 될 때, "우리는 그의 만드신 바라 그리스도 예수 안에서 선한 일을 위하여 지으심을 받은 자니 이 일은 하나님이 전에 예비하사 우리로 그 가운데 행하게 하려 하심이라."는 사실은 커다란 위로가 된다. 우리가 방향을 정해 달려가야 하는 목표는 그리스도 예수 안에서 하나님이 우리를 위해 예비하신 모든 것들을 즐거움으로 행하는 것이다. 그가 계획하신 모든 것은 우리를 능하게 하시는 성령 안에서 가능함을 인식할 수 있다.

> 우리가 방향을 정해 달려가야 하는 목표는 그리스도 예수 안에서 하나님이 우리를 위해 예비하신 모든 것들을 즐거움으로 행하는 것이다.

인생의 진정한 목표에서 우리를 이탈하게 만드는 바쁜 세상에서 우리의 궁극적인 목표인 예수님을 닮아가는 것은 주님을 섬기기 위해 배워야만 할 중요한 과제이다.

주 예수님, 당신은 당신과 가장 가까이 계신 하나님의 뜻에 의해 전혀 흔들림 없이 모든 것을 행하셨습니다. 성령에 의해 수님이 행하신 것과 같이 저 또한 당신의 이름을 위해서만 모든 것을 할 수 있게 하옵소서. 아멘.

60. 신실함 - 리사 라이켄(Lisa Ryken)

"주께서 너희를 우리 주 예수 그리스도의 날에 책망할 것이 없는 자로 끝까지 견고케 하시리라 너희를 불러 그의 아들 예수 그리스도 우리 주로 더불어 교제케 하시는 하나님은 미쁘시도다"(고전 1:8-9).

내가 가장 두려워하는 것 중의 하나는 최후 심판의 자리에서 내가 신실하지 못했다는 사실이 밝혀지는 것이다. 이러한 생각은 남편이 큰 도시 교회의 담임 목회자로 청빙되던 그 주간에 더욱 나를 괴롭혔다. 내가 여러 동역자들과 또한 이웃들에게 내 신앙에 대해 담대히 나누는 데 실패했다는 생각이 계속해서 뇌리에 맴돌았다. 스스로 진정한 신자라는 확실한 증거도 없는 내가 어떻게 이런 커다란 도시의 목회자의 아내가 될 수 있단 말인가? 우린 앞으로 어떤 반대와 핍박을 당하게 될 것인가? 마침내 내가 조금씩 마음이 움직이기 시작할 때까지 엄청난 책임감과 미래에 대한 두려움이 몰려와 나를 뒤흔들었다.

진리 자체는 내가 신실할 수 없다는 사실을 가르쳐 준다. 그러나 하나님은 신실하시다! 하나님은 끝까지 나를 강하게 하실 것이라고 약속하셨다. 내가 하나님께 신실할 수 있는 유일한 길은 하나님이 신실하신 분이시라는 진리를 확고히 붙드는 것이다. 하나님은 역사 속에서 그분의 백성들에게 신실하셨다. 그리고 그분은 겨우 한 뼘 길이의 내 삶 속에서도 내게 신실하셨다. 만일 하나님이 먼저 내게 신실하심으로 자신을 내어주지 않으셨다면 하나님도 내게 신실하라고 요구하지 않으셨을 것이다. 시인의 고백 속에서 나는 안식처를 찾는다.

> 만일 하나님이 먼저 내게 신실하심으로 자신을 내어주지 않으셨다면 하나님도 내게 신실하라고 요구하지 않으셨을 것이다.

"주의 성실하심은 대대에 이르나이다"(시 119:90).

하나님 아버지, 당신의 신실하심은 위대하십니다. 당신을 성실히 섬기지 못했던 저를 용서하여 주옵소서. 제가 작은 일에 성실하지 못할 때 당신의 신실함을 다시금 기억하게 하옵소서. 영원토록 저를 강하게 지켜 주실 당신의 신실한 약속에 감사드립니다. 주님의 은혜로 말미암아 제가 늘 신실하기를 바라나이다. 아멘.

61. 그리스도의 마음 - 바바라 휴즈(Barbara Hughes)

"…그러나 우리가 그리스도의 마음을 가졌느니라"(고전 2:16하).

"안녕하십니까, 휴즈 사모님. 혹시 우리 모임에 강사가 되어 주실 수 있을런지요…." 목회자의 아내라는 이유 때문에 나는 종종 모임에 와서 가르치거나 강의해 달라는 부탁을 받는다. 젊었을 때는 내가 대중 강연을 좋아하기 때문에 멋진 강의를 할 수 있을 것이라는 순진한 생각만으로 즉시 이런 기회에 뛰어들곤 했다. 하지만 시간이 지나면서 나는 이런 기회들을 수용함에 머뭇거리게 되었고 내가 잘할 수 있으리란 확신도 줄어들게 되었다. 무엇 때문일까? 무엇보다도 "내 형제들아 너희는 선생 된 우리가 더 큰 심판 받을 줄을 알고 많이 선생이 되지 말라."(약 3:1)는 성경 말씀에 주의하게 되었기 때문이다. 그리고 두 번째는, 이런 일에 대해서 나보다 훨씬 능력 있고 잘 준비된 사람들이 있음을 알게 되었기 때문이다.

그러나 나는 이러한 성경에 언급된 주의를 주는 말씀이나 부족한 확신이, 하나님께서 당신의 나라를 위해 내게 예비하신 일들을 행하지 않은 것에 대한 변명이 되지 않도록 주의해야 한다. 성경은 목회 사역을 위한 우리의 능력과 지혜가 하나님으로부터 온다고 가르친다.

"하나님의 미련한 것이 사람보다 지혜 있고 하나님의 약한 것이 사람보다 강하니라 형제들아 너희를 부르심을 보라 육체를 따라 지혜 있는 자가 많지 아니하며 능한 자가 많지 아니하며 문벌 좋은 자가 많지 아니하도다 그러나 하나님께서 세상의 미련한 것들을 택하사 지혜 있는 자들을 부끄럽게 하려 하시고 세상의 약한 것들을 택하사 강한 것들을 부끄럽게 하려 하시며"(고전 1:25-27).

> 목회자의 아내라는 이유 때문에 나는 종종 모임에 와서 가르치거나 강의해 달라는 부탁을 받는다.

그리고 스무 절 가량 지나서, 성경은(고전 2:16) 우리의 헌신을 가능하게 하는 위대한 진리를 말하고 있다. 그것은 하나님께서 우리가 그분의 사역을 감당할 수 있도록 약하고 두려워 떠는 우리에게 그리스도의 마음을 주셨다는 사실이다.

케이트 B. 윌킨슨(Kate B. Wilkinson)의 찬송가 가사처럼 나의 매일의 삶 가운데 그리스도의 마음이 제 마음이 되게 하시고, 제가 말하고 행동하는 모든 것을 책임져 주옵소서. 아멘.

케이트 B. 윌킨슨(1859-1928)은 영국 국교회(성공회)에 속한 사람으로 런던에서 젊은 여성들과 사역을 했으며, 케스윅 집회 운동(Keswick Convention Movement: 새 복음주의 운동)을 위해 열심히 일했다. 성공회 찬송가 "나의 구주여 주님의 마음이 되게 하소서"(May the mind of Christ, my Savior)를 작사했다.-역자 주

62. 봄의 노래 - 노엘 파이퍼(Noel Piper)

"새 노래로 여호와께 노래하라 온 땅이여 여호와께 노래할지어다"(시 96:1).

달력은 이미 봄이 왔음을 말해 주었지만, 여전히 두껍게 쌓인 눈의 더러운 잔재들이 미네아폴리스의 주변을 덮고 있었고, 하늘은 마치 빛바랜 낡은 회색 스웨터처럼 보였다.

주일 아침, 5시가 채 되기 전에 남편은 살며시 방을 빠져나가 그의 서재에 들어가 기도하며 주일을 준비했다. 침대의 반쪽을 채워 주던 따스함이 사라지고, 나는 졸릴 때 하는 습관대로 잔뜩 웅크린 채 이불을 꼭 끌어안고 라디오 알람이 나를 깨워 피곤한 하루의 삶이 시작될 때까지 조금 더 잠을 청했다.

그러다 문득 나는 까맣게 잊고 있었던 소리에 눈을 번쩍 떴다. 몇 달 만에 듣는 소리인가! 이중으로 된 창문이 꼭 닫혀 있음에도 불구하고 나는 새소리를 들을 수 있었다. 알람 소리에서 늘 듣던 지저귀는 겨울 참새 소리가 아니라 로빈(robin, 북미산(産) 미국 울새)이 들려주는 진짜 노랫소리였다. 나는 곧바로 잠에서 깨어 단번에 이불을 걷어 버리고 침대를 박차고 일어났다. 그리고는 창문과 창문 사이를 급히 오가며 이 멋진 노랫소리의 주인공을 찾았다. 마치 크리스마스 아침에 온

집안을 뛰어다니는 아이처럼 말이다.

얼마나 멋진 선물인가! 하나님의 피조물이 노래를 부르고 있으며, 그 노랫소리가 나를 가득 채워 준다. 내가 잠을 더 잘 필요가 어디 있는가? 하나님은 이 작은 새 한 마리를 만드시고 그것으로 하여금 그분의 영광을 찬양하게 하셨다.

> 나는 곧바로 잠에서 깨어 단번에 이불을 걷어 버리고 침대를 박차고 일어났다. 그리고는 창문과 창문 사이를 급히 오가며 이 멋진 노랫소리의 주인공을 찾았다.

조금 늦은 아침, 나는 교회에 갔다. 회색빛 어둔 마음이나 덤덤한 습관은 사라지고 이미 내 마음은 그분을 경배하고 있었으며, 이 작은 새 한 마리처럼 작은 피조물을 통해 우리로 진정한 하나님 되심에 눈 뜨게 하신 위대하신 하나님을 찬양하고 있었다.

오 하나님, 온 세상이 다 당신을 찬양합니다. 당신은 강하시고 아름다우시며 위대하십니다. 나의 눈을 열어 당신의 영광을 점점 더 많이 듣고 보게 하옵소서. 또한 나의 입을 열어 그것을 선포하게 하옵소서. 아멘.

63. 더 좋은 가정 - 조이스 웹스터(Joyce Webster)

"예수께서 제자들을 불러다가 이르시되 내가 진실로 너희에게 이르노니 이 가난한 과부는 연보 궤에 넣는 모든 사람보다 많이 넣었도다 저희는 다 그 풍족한 중에서 넣었거니와 이 과부는 그 구차한 중에서 자기 모든 소유 곧 생활비 전부를 넣었느니라 하셨더라"(막 12:43-44).

「더 멋진 집과 정원」(Better Homes and Gardens)이라는 잡지가 우리 집을 특종으로 삼자고 요청해 온 적도 없고, 「마사 스튜어트 리빙」(Martha Stewart Living, 요리와 집단장, 여행, 결혼식 등 가정생활에 필요한 정보제공과 물품 판매 사업을 벌여온 미국의 여성 기업가 마사 스튜어트가 발간하는 잡지-편집자 주) 역시 우리 집 식탁에 차려진 근사한 음식을 그 잡지의 한 코너에 싣고자 문의해 온 적도 없다. 그럼에도 불구하고 우리 가족 모두는 새로운 친구를 사귀는 것과 그들과 깊은 관계를 형성해 가는 것, 그리고 우리 집에 머물던 손님들이 남겨준 고귀한 기억들을 소중히 간직하기를 즐거워했다. 많은 친구들이 우리보다 더욱 크고 멋진 집을 가졌으나, 우리는 여전히 하나님께서 우리에게 주신 모든 것을 우리 이웃을 섬기기 위해 사용하는 데 커다란 가치를 두었다.

만일 우리가 우리 집의 부족한 점만 보았더라면 우리는 엄청나게 많은 것들을 잃었을 것이다. 베드로전서 4장 9절은 "서로 대접하기를 원망 없이 하라."고 말씀하고 있지만, 또한 그 말에는 각종 편의 시설의 부족으로 말미암아 그 집을 자주 방문하는 손님들에게는 불평의 여지가 있을 수 있다는 의미가 포함되어 있다. 그러나 실제로는 이것이야말로 하나님의 보화를 나눌 수 있는 기회였다. 이것은 실로 영원한 투자였던 것이다. 가난한 과부는 빈궁한 중에 자신의 모든 소유를 드렸다. 하나님을 향한 나의 헌신과 결단은 전적으로 하나님이 어떤 분이신가에 달린 것이지 결코 내가 무엇을 드려야 하는가에 달린 것이 아니었다. 내가 하나님을 위해 포기할 때 하나님은 바로 그것을 사용하실 것이다.

> 많은 친구들이 우리보다 더욱 크고 멋진 집을 가졌으나, 우리는 여전히 하나님께서 우리에게 주신 모든 것을 우리 이웃을 섬기기 위해 사용하는 데 커다란 가치를 두었다.

하나님 아버지, 제가 당신의 관점에서 봉헌할 수 있도록 하옵소서. 한계에 초점을 맞추지 않게 하소서. 당신의 나라를 위해 영원한 투자를 할 수 있도록, 저의 가진 모든 것을 사용할 수 있도록 도와주옵소서. 당신께서는 저의 재능보다 저의 마음을 더욱 귀중히 여기신다는 사실을 확신하게 하옵소서. 아멘.

64. 자기 할 일을 하였느니라

- 도로시 켈리 패터슨(Dorothy Kelley Patterson)

"저가 힘을 다하여 내 몸에 향유를 부어 내 장사를 미리 준비하였느니라" (막 14:8).

신학교에 있을 때 남편과 나는 어머니로부터 심하게 학대받아온 한 십대 소녀를 집으로 데려왔다. 아무도 이런 일에 관여하고 싶어 하지 않았다. 우리는 그 소녀의 애처로운 모습에 가슴이 뭉클했고, 법정에 가서 이 소녀를 우리가 돌볼 수 있게 해달라고 요청했다. 그러나 10년이 조금 못 되어 소녀는 우리의 사랑어린 보호를 떠밀어 버리고 말았다. 어느 주일 아침, 우리가 교회에 가 있는 동안 그녀는 자신의 옷과 몇몇 가구들을 가지고 사라져 버렸다. 여느 때와 달리 그녀는 다시는 우리 가정의 울타리 안으로 돌아오지 않았다.

이보다 나를 더 참담하게 만들고 처절한 패배감을 맛보게 한 사건을 경험해 본 적이 없었다. 나는 몇 달 동안을 슬퍼하며 울었다. 그리고 날마다 힘든 고통에 갈피를 잡지 못하는 나날을 보냈다. 나는 뭔가 잘못된 것을 바로잡고 싶었고, 이 문제에 대한 해결책을 찾기를 바랐다. 나는 영적인 승리를 원했다. 오늘도 나는 그 아이가 어디에 살고 있는지 알지 못한다. 또한 나의 어린 두 명의 손자들이 무엇을 하고 있는지조차도 알지 못한다. 이와 같은 괴로움은 우리의 힘을 빼앗아 가고 우리의 삶에 어두운 그림자를 드리우게 한다.

> 이와 같은 괴로움은 우리의 힘을 빼앗아 가고 우리의 삶에 어두운 그림자를 드리우게 한다.

한 여인이 매우 비싼 나드 향유의 옥합을 깨뜨려 그것을 예수님의 머리에 부었다. 어떤 이들은 이 여인이 자신들의 사역을 위해 훌륭한 자금이 될 수도 있었던 값비싼 향유를 낭비했다며 비난했다. 하지만 예수님은 자신을 깊이 존경하고 있었던 그 여인의 마음을 아셨다. 마가복음 14장 8절에 나타난 그분의 말씀이 내게도 똑같이 들려온다. "저가 힘을 다하여 자기 할 일을 하였느니라."

주님, 제가 당신의 자녀이기 때문에 기뻐합니다. 제 삶 가운데 성숙의 기회와 다음 세대를 양육할 수 있는 기회들을 주셔서 감사합니다. 인생에 닥쳐오는 도전을 홀로 직면하지 않도록 하시니 감사합니다. 무엇을 가지고 어떠한 것을 어느 기간 동안 어디서 하든지 제가 그 궁극적 결과들을 기꺼이 당신께 드리게 하옵소서. 아멘.

65. 우리는 할 수 없지만 - 캐이시 채플(Kathy Chapell)

"지금은 너희가 근심하나 내가 다시 너희를 보리니 너희 마음이 기쁠 것이요 너희 기쁨을 빼앗을 자가 없느니라"(요 16:22).

우리의 좋은 친구 쟈니(Joanie)는 밝고, 귀엽고, 유머감각도 뛰어났으며, 특히 주님을 진심으로 사모하던 친구였다. 어느 날 밤 그녀가 성가대 연습을 마치고 집으로 차를 몰고 가던 중 어느 술 취한 운전사가 그녀의 차 앞부분을 들이받아 쟈니는 그 자리에서 죽고 말았다. 교회는 온통 슬픔으로 가득 찼고, 쟈니의 부모님은 소중한 딸의 죽음에 넋을 잃고 말았다.

젊은 목사의 아내로서 아직 한번도 개인적으로 사별을 경험해 본 적이 없었던 나는 무슨 말을 해야 할지 몰랐다. 나는 정말 돕고 싶었다. 그들에게 위로가 되는 말 한마디나 상황을 좀더 낫게 만들 수 있는 무언가를 해주고 싶었다. 그러나 그저 쟈니의 부모님 곁에 앉아 함께 우는 것이 내가 할 수 있는 일의 전부였다.

어느 날 밤, 그 사고가 있은 지 얼마 지나지 않아서 나는 남편에게 쟈니의 죽음에 대한 내 개인적인 슬픔과 더불어 그녀의 부모에게 아무것도 해줄 수 없었던 나의 좌절감을 토로했다. 남편은 지혜롭게도 조용히 팔을 내밀어 나를 감싸 안고서는 말했다. "여보, 때론 우리가 할 수 있는 일이 아무것도 없을 때가 있지요."

때로 우리는 이 세상이나 교회 안에 있는 상처를 도저히 치유해 주지 못할 때가 있다. 진리가 있다면 그것은 오직 그리스도만이 아픔을 싸매어 주시며, 그분의 시간에 그분께서 일하신다는 사실이다. 그동안 그저 우리는 우리 아버지께서 완벽한 치유의 사역을 시작하실 것을 신뢰하면서, 사랑과 눈물과 함께 있어 줌으로써 이웃을 위로할 수 있을 뿐이다.

> 그저 자니의 부모님 곁에 앉아 함께 우는 것이 내가 할 수 있는 일의 전부였다.

오 하나님 아버지, 당신이 모든 위로의 주관자이심을 알 수 있도록 저를 도와주옵소서. 형제자매들과 함께 나눌 수 있는 눈물을 제게 주시며, 오직 당신 안에서만 간절한 위로를 찾을 수 있는 마음을 주옵소서. 아멘.

66. 우리가 두려워하는 이유 - 진 헨드릭스(Jeanne Hendricks)

"또 여호와의 구원하심이 칼과 창에 있지 아니함을 이 무리로 알게 하리라 전쟁은 여호와께 속한 것인즉 그가 너희를 우리 손에 붙이시리라"(삼상 17:47).

어린 시절 나는 여름 방학기간 동안 종종 에마(Emma) 고모의 집을 찾아가곤 했다. 고모는 천둥소리를 무서워해서 멀리서 울리는 천둥소리에도 곧장 넓은 식품 저장고 속으로 숨어 버렸다. 고모는 번개를 너무 무서워해서 쳐다볼 수조차 없다고 말했다. 그와는 정반대로 나는 빗물이 폭포수처럼 떨어지는 동안, 창문 곁에 최대한 바짝 붙어 앉아 환상적으로 내려치는 번개의 번쩍임을 바라보는 것을 무척 좋아했다. 그리고 곧 이어 천둥이 엄청난 굉음으로 몰아칠 때는 온몸으로 전율을 느끼곤 했다. 나는 바람에 흔들리는 나무들과 빠르게 흘러가는 도랑의 물을 바라보기 좋아했다.

어째서 한 가지 사건을 놓고도 한 사람은 두려워하고 다른 사람은 힘을 얻게 되는 것일까? 사무엘상은 무적의 블레셋 군대가 그들의 거대한 장수 골리앗을 앞세워 진을 치고 있는 전쟁의 모습을 묘사하고 있다. 이스라엘 군대는 두려움에 사로잡혀 얼어붙었지만, 형들에게 음식을 전해 주러 왔던 어린 다윗은 이 골리앗을 다른 시각으로 보았다.

"이 할례 없는 블레셋 사람이 누구관대 사시는 하나님의 군대를 모욕하겠느냐."(삼상 17:26)라고 물으며 다윗은 이 커다란 적군과 일대일로 싸울 것을 자원했다. 우리 모두는 다윗이 어떻게 시냇가에서 매끈한 돌 다섯 개를 골랐으며, 또 어떻게 그의 날카로운 물매 솜씨로 이 적군의 이마에 돌을 박아 원수를 쓰러뜨렸는지 잘 알고 있다.

> 인간이 갖게 되는 어떠한 두려움도 우리가 하나님의 눈으로 바라만 본다면 충분히 물리칠 수 있는 상대로 보일 뿐이다.

"또 여호와의 구원하심이 칼과 창에 있지 아니함을 이 무리로 알게 하리라! 전쟁은 여호와께 속한 것인즉 그가 너희를 우리 손에 붙이시리라!" 이 승리의 외침은 겁에 질린 하나님의 군대에게 감동을 주었을 뿐 아니라, 하나님을 향한 그의 신앙을 보여 주었다. 그리고 이것이야말로 모든 두려움을 물리치는 열쇠였다. 마치 우리가 천둥과 번개를 하나님의 창조 능력이라고 볼 수 있듯이, 인간이 갖게 되는 어떠한 두려움도 하나님의 눈으로 바라만 본다면 충분히 물리칠 수 있는 상대로 보일 뿐이다.

하나님 아버지, 당신의 능력으로 저의 두려움을 물리쳐 주시고 그 가운데서 귀한 것을 얻게 하옵소서. 그 두려움을 물리쳐 주시므로 제가 당신을 신뢰하고 더는 두려워하지 않게 하옵소서. 주님의 이름으로 기도합니다. 아멘.

67. 처음부터 끝까지 - 수 세일해머(Sue Sailhamer)

"나 곧 내 영혼이 여호와를 기다리며 내가 그 말씀을 바라는도다"(시 130:5).

내가 둘째아이를 갓 임신했을 때 남편은 당회를 마치고 돌아와서는 부목사직을 사임했다고 말했다. 나는 충격을 받았다. 처음엔 그냥 남편이 나를 놀라게 하려고 그러는 것처럼 보였다.

나는 남편의 목회 철학이 담임 목사님과 차이가 있다는 사실을 알고 있었다. 남편이 있는 동안 교회는 엄청나게 성장했다. 하지만 그해 11월 저녁, 당회는 남편에게 즉시 사임하라는 충격적인 결정을 내렸다.

어떻게 보면 이는 '우리가 과연 목회 사역에 적절한 사람들인가?' 라는 중압감으로부터 잠깐 동안 맛볼 수 있는 커다란 해방감이었다. 그러나 동시에 상처 또한 깊었다. 남편은 결혼하기 전 9년을 포함하여 그 교회에서 14년간 일해 왔다.

이제 우리의 미래는 어떻게 되는 것인가? 우리는 재정적인 문제들을 어떻게 이겨낼 것인가? 우리는 과연 어떻게 해야 하는가? 수백 가지의 질문들이 쏟아졌다. 마땅한 대답도 없다. 우리의 남은 선택은 오직 하나, 하나님을 신뢰하는 것뿐이었다.

그 일이 있은 후에 주님은 우리의 재정적인 필요를 채워 주셨고, 우리가 새롭게 사역할 수 있는 문을 활짝 열어 주셨다. 처음엔 모든 교회가 다 똑같을 거라며 회의적인 태도를 가졌지만, 우리는 우리를 아는 이가 아무도 없는 곳에서 사역을 시작했다.

> 이는 '우리가 과연 독회 사역에 적절한 사람들인가?'라는 중압감으로부터 잠깐 동안 맛볼 수 있는 커다란 해방감이었다.

그 시절을 돌아보면 24년 전의 그 어렵던 시간들로 인해 무척 감사하게 된다. 하나님은 고통과 좌절을 축복으로 바꾸셨다. 그분은 우리를 치유의 자리로 인도하셨고, 또한 우리가 19년 동안 몸담게 될 새로운 사역의 보금자리로 인도하셨다.

때로 다른 사람들이 우리를 오해할지라도 하나님만은 우리를 충분히 이해해 주신다는 사실을 믿으라. 그분을 기다리라. 그분은 처음 시작의 자리에서 그 마지막을 알고 계시는 분이시다. 그분의 신실하심을 신뢰하라.

주님, 저의 소망은 저의 환경이 아닙니다. 저의 소망은 당신이며, 당신의 말씀입니다. 제가 당신을 기다림으로써 당신의 약속을 볼 수 있도록 도와주옵소서. 아멘.

68. 어떻게 나의 믿음을 지킬 수 있는가?

- 메리 로우 윗록(Mary Lou Whitlock)

"수고하고 무거운 짐 진 자들아 다 내게로 오라 내가 너희를 쉬게 하리라"(마 11:28).

만일 누군가가 찾아와 당신의 인생에 얽힌 문제들을 찾아내다면 과연 그 문제들은 풀리기 시작할까? 인생은 복잡하다. 활동의 범위는 계속적으로 늘어가는 것처럼 보이고 가족과 사역으로부터의 요구들은 좀처럼 잦아들지 않는다. 그리고 사탄은 이런 상황들을 이용해서 우리 믿음의 전신갑주에 작은 흠을 만들려 한다. 우리는 "주님, 이것은 희생할 만한 가치가 있는 것인가요?"라고 묻는다. 또한 우리 자신을 위한 시간이 없으며 아무도 우리를 반겨 주지 않는다고 불평한다. "주님, 이 모든 약속들은 어떻게 된 건가요?" 우리는 왕의 딸들이지만, 마치 아무런 목적도 없이 떠도는 빈털터리처럼 느끼곤 한다.

이 글의 배경이 되는 말씀 속에서 예수님의 부르심을 새로운 마음으로 다시 한번 바라보라. "수고하고 무거운 짐 진 자들아 다 내게로 오라 내가 너희를 쉬게 하리라." 당신은 오늘 이러한 휴식이 필요한가? 이 달콤한 평화가 필요한가? 당신의 마음과 영혼을 주께로 향하게 할 수 있는 혼자만의 장소가 필요한가? 은혜로 구원받은 죄인들로써 주께로 나아가 그분의 평화가 당신 안에 흘러넘치게 하라. 그분은 가까이 계신다. 그분은 인생의 폭풍 속에서 요새와 방패가 되신다.

> 우리는 왕의 딸들이지만, 마치 아무런 목적도 없이 떠도는 빈털터리처럼 느끼곤 한다.

우리가 가진 어떠한 짐도 오래 전 어느 날 밤에 겟세마네에서 주님께서 지신 그것보다 무겁진 않다. 그분은 우리가 언급할 수 있는 모든 실제의 그리고 상상할 수 있는 모든 짐을 참으셨다. 그분께서 우리의 모든 걱정과 염려들(실제로 가졌거나 혹은 당신이 생각하고 있는), 그리고 우리의 두려움들을 도우실 것을 신뢰하는가? 그분은 우리를 떠나지도 않으며 버리지도 않으시리라고 약속하셨다. 그 어떤 것도 우리를 하나님의 사랑으로부터 분리할 수 없다. 자매들이여, 오늘 이 진리 속에 푹 빠져 보라.

하나님 아버지, 당신이 우리를 위해 얼마나 많은 고통을 당하셨는지 잘 알고 있음에도 왜 그렇게 우리의 고통이 커 보이는지 알 수 없습니다. 우리를 근심에서 자유하게 하시며, 온전히 당신을 신뢰할 수 있도록 도와주옵소서. 당신의 평화와 약속을 확신할 수 있게 하시며, 우리에게 능력을 주시고 당신의 인도하심을 기다릴 수 있는 인내를 주옵소서. 아멘.

69. 도미노 게임 - 메리 캐시언(Mary Kassian)

"다만 이뿐 아니라 우리가 환난 중에도 즐거워하나니 이는 환난은 인내를, 인내는 연단을, 연단은 소망을 이루는 줄 앎이로다 소망이 부끄럽게 아니함은…"(롬 5:3-5상).

우리 아이들은 부엌 마루에 도미노 게임을 세우곤 했다. 아이들이 첫 번째 도미노를 넘어뜨리면 다음 것들이 따라서 넘어져 결국 마지막 도미노까지 차례로 넘어지게 된다. 위의 성경 구절에서 바울은 우리가 환난 중에 올바른 방식으로 반응할 때 차례로 일어날 일들을 기록하고 있다. 이 일들은 환난으로 시작하여 소망에 이르게 된다.

환난(혹은 어떤 성경 번역본에는 '시련')은 헬라어 슬립시스(thlipsis)에서 번역한 말인데, 이는 '압박, 억눌림'이라는 뜻이다. 이 단어는 감람나무의 기름을 짜거나 포도를 짜서 주스를 만들 때 사용되었다. 우리가 환난으로 "짜내어질 때" 주님은 우리 안에서 인내를 추출해 내고 계시는 것이다.

인내는 환난의 밑에서 그 무게를 견뎌내고, 또한 환난 가운데 더욱 강하게 만들어지는 영적 견고함이다. 이는 마라톤 선수가 끝까지 달려가는 것과 같다. 인내는 연단을 낳는다. 헬라어에서 연단은 '확증된' 본질을 의미한다. 마치 순수하다고 검증되고 확인된 고귀한 금속처럼 말이다. 이것은 하나님의 영광 안에 있는 깊은 소망을 낳는다.

환난 속에서 우리는 아무런 소망이 없어 보이는 상황을 인내와 연단을 통해 이겨냄으로써 소망이 무엇인지 깨닫게 된다. 이러한 진행은 우리가 소망하는 것이 분명하고 확실하다는 사실을 더욱 깊이 확신하게 하는 결과를 낳는다(롬 4:18-19).

> 우리가 환난으로 "짜내어질 때" 주님은 우리 안에서 인내를 추출해 내고 계시는 것이다.

첫 번째 도미노가 쓰러지는 듯한 고통을 느낄 때 마지막 도미노 역시 넘어질 것이라고 확신하듯이, 마침내 예수 그리스도께서 우리 안에 그분의 선하심과 사랑, 그리고 하나님의 자녀라는 우리의 신분에 대한 더욱 깊은 확신을 주실 것을 신뢰할 수 있다.

사랑하는 아버지, 고난의 끝에 제가 더 큰 소망을 가질 수 있게 하시고, 당신 안에 계속적으로 머물 수 있게 하시니 감사합니다. 어려운 환경을 사용하시어 저의 인내심과 인격과 소망을 성숙시키시니 감사합니다. 아멘.

70. 비난 앞에서의 온유함 - 잰 오틀런드(Jan Ortlund)

"또 수고하여 친히 손으로 일을 하며 후욕을 당한즉 축복하고 핍박을 당한즉 참고 비방을 당한즉 권면하니"(고전 4:12-13상).

전임 사역이 힘든 일임은 분명하다. 늦은 밤 전화가 걸려오기도 하고, 아침 일찍 모임을 인도해야 하기도 한다. 주말과 휴일에도 일해야 하고, 깊이 그리고 자주 당신의 양떼와 함께 하라는 고통스런 요청을 받는다. 모든 삶의 방식 속에서 복음을 드러내도록 강요받는다. 이는 혹자가 말하는 것처럼, "한 주 동안 줄곧 하나님을 묵상할 수 있는 직업"이 아니다.

이토록 부지런히 일하는 우리에게, 예수님은 우리를 저주하는 자를 축복하고 우리를 핍박하는 자를 위해 기도하라고 말씀하셨다(눅 6:28; 마 5:44). 핍박은 우리를 성가시게 하는 사람들이나, 당신 가족들의 생활을 어렵게 만드는 사람들의 모습으로 다가온다. 그러나 하나님은 불평과 원망과 보복 없이 핍박을 참으라고 말씀하신다.

크리스천 지도자는 모욕당할 수도 있고, 무시당할 수도 있으며, 심지어 비방을 당할 수도 있다. 예수께서도 이 땅에 계시는 동안 사람들로부터 조롱을 당했는데, 우리라고 예외가 될 수 있겠는가? 우리는 이런 어려움들을 인내하며 참아야 할 뿐 아니라, 그들 가운데 서서 이해할 수 없을 만큼의 온유함으로 그들을 대해야 한다.

> 핍박은 우리를 성가시게 하는 사람들이나, 당신 가족들의 생활을 어렵게 만드는 사람들의 모습으로 다가온다.

사람들이 당신 남편의 의도나 말투, 혹은 습관을 잘못 이해할 때, 그리고 그들이 당신 가족과 재산, 승용차 그리고 취미에 대해 수군거릴 때, 당신은 그들에게 친절히 대답해 줄 수 있어야 한다. 당신은 온유해야 하며, 친절하고, 자상해야 한다. 사도 바울이 우리에게 가르친 것처럼 "그리고 맡은 자들에게 구할 것은 충성이니라…그가 어두움에 감추인 것들을 드러내고 마음의 뜻을 나타내시리니 그때에 각 사람에게 하나님께로부터 칭찬이 있"을 것이다(고전 4:2,5). 그날에 하나님께서 칭찬과 더불어 당신을 높여 주실 것이다.

오 하나님 아버지, 저는 마치 가시와 같습니다. 말이 아니면 마음으로 사람들을 비난합니다. 그것이 잘못된 행동이라는 것을 압니다. 그래서 죄송합니다. 저를 용서하여 주옵소서. 저를 저주하고 핍박하는 자들을 축복하옵소서. 저에게 죄 지은 자를 용서한 것 같이 저의 죄를 용서하여 주옵소서. 성자 예수님의 다정한 이름으로 기도드립니다. 아멘.

71. 민감성 높이기 - 폴릿 워싱턴(Paulette Washington)

"오직 사랑 안에서 참된 것을 하여 범사에 그에게까지 자랄지라 그는 머리니 곧 그리스도라"(엡 4:15).

민감성의 기본적 정의는 "상대방과 감정적으로 공감하기 위해 그에 대한 지식을 얻는 것"이다. 목회 사역에 헌신한 사람들, 특히 남편과 함께 목회 사역에 동참한 사모들이 직면하는 도전은 민감성을 높이는 것이다. 우리가 사랑하거나 관심을 가지는 사람들에 대해 민감하게 반응하는 것은 어려운 일이 아니다. 그러나 정말 우리가 도전해야 할 것은 우리(혹은 우리의 남편)를 헐뜯는 사람들에 대한 민감성을 높이는 것에 있다.

락 교회(Rock Church)의 목회 사역 초기에 나는 그동안 내가 수많은 여성들에게 깊은 상처를 주었다는 사실을 알게 되었다. 이는 내가 그들의 상황에 민감하지 못한 결과였고, 또한 동시에 그들을 좀더 깊이 알 수 있고, 더욱더 잘 이해하기 위해 나 자신을 충분히 헌신하지 않은 결과였다. 그로 인해 나타난 현상은 심각한 오해와 대화의 단절이었다.

나는 나 자신의 문제들을 다른 이들과 나누지 않으려고 주의했기 때문에 문제는 매우 심각했다. 민감성은 각 사람들이 상대방의 눈으로 세상을 바라볼 수 있기 위해, 다른 이들에 대한 필수적인 지식을 얻기 위해 허용되는 쌍방향 통로이다.

따라서, 민감한 반응을 성숙시키려는 연습은 다른 이들이 우리에 대해 알기 원할 때 우리의 것들을 나누는 것 또한 포함한다.

> 정말 우리가 도전해야 할 것은 우리(혹은 우리의 남편)를 힘들게 하는 사람들에 대한 민감성을 높이는 것이다.

나는 내가 다른 이에게 해줄 수 있는 가장 힘 있는 세 단어의 말은 "당신을 이해하고 싶어요."라고 결론을 내릴 수 있었다. 이 말은 상대방이 반응해 줄 것을 요구하며, 또한 당신이 그 반응에 귀 기울일 수 있을 만큼 충분히 깊게 이해할 수 있기 원한다는 사실을 보여 주는 것이다.

당신의 관계들을 잘 점검해 보라. 당신의 삶에서 소중한 사람들에 대해 당신이 민감해져야 할 부분은 어디인가? 만일 당신이 그것을 알지 못한다면, 다음번 그들을 만날 때 "당신을 이해하고 싶어요."라고 말해 보라.

하나님, 저의 모든 관계에 민감하게 반응할 수 있도록 저를 도와주옵소서. 저를 필요로 하는 이들에게 눈과 마음이 열리게 하시고, 당신의 이름으로 그들을 잘 돌볼 수 있도록 도와주옵소서. 아멘.

72. 대체하지 말라 - 메리 몰러(Mary K. Mohler)

"예수의 소문이 더욱 퍼지매 허다한 무리가 말씀도 듣고 자기 병도 나음을 얻고자 하여 모여 오되 예수는 물러가사 한적한 곳에서 기도하시니라"(눅 5:15-16).

당신이 오늘 해야 할 일들의 목록이 온통 목회 사역 행사로 가득한가? 잠시 동안 멈춰 서서 예수님의 사역을 생각해 보라. 예수님의 치유의 손길을 원하던 그 수많은 사람들을 생각해 보라. 그렇다고 그분이 살았던 이 땅에서의 그 짧았던 날들 동안 그가 밤낮 없이 모든 시간을 오직 치료하는 데만 투자하셨던가? 그렇지 않다. 성경은 예수께서 홀로 아버지와 함께하는 시간을 갖기 위해 자주 무리를 떠나셨음을 보여 준다. 하물며 우리는 홀로 주님과 함께하는 시간을 내기 위해 얼마나 주의 깊게 우리의 행사들을 조절해야 하겠는가!

여성들에게 성경을 가르치는 일은 칭찬할 만한 일이다. 그러나 이는 홀로 아버지와 함께하는 시간이 아니다. 병원에 입원한 친구의 침대 곁에서 함께 기도하는 것은 감동적인 일이다. 그러나 이것 역시 아버지와 함께하는 시간이 아니다. 급한 상황에서 가족을 위해 음식을 준비하는 일은 매우 성경적이다. 그러나 이것 또한 하나님과 함께하는 시간이 아니다.

나는 내 경험으로부터 말하고 있다. 우리의 멋진 예배의 행위들을 정당화하는 것은 쉽다. 우리는 희생적으로 다른 이들에게 주고 또 준다. 하나님을 찬양한다. 그러나 우리는 이런 행위들로써 우리가 날마다 기도하며 하나님의 얼굴을 구하는 것과, 성경을 공부하는 것, 그리고 잠잠히 세미한 음성에 귀 기울이는 경건의 시간을 대신할 수 있다고 생각해서는 안 된다. 사랑하는 자매들이여, 우리는 주님과 함께 보내는 시간이 얼마나 소중한지 다른 여성들과 우리의 자녀들에게 보여 줄 수 있어야 한다. 예수님이 본을 보이셨다. 그분을 따르자!

> 하물며 우리는 홀로 주님과 함께하는 시간을 내기 위해 얼마나 주의 깊게 우리의 행사들을 조절해야 하겠는가!

하나님 아버지, 매일 매일 홀로 당신을 찾을 수 있도록 훈련하여 주옵소서. 개인적인 경건의 시간을 목회 사역으로 대체하려는 우리를 용서하여 주옵소서. 오늘도 당신의 말씀을 듣기 전까지는 안심하지 않게 하옵소서. 예수님의 이름으로 기도합니다. 아멘.

73. 중언부언의 기도 - 캐이시 힉스(Kathy Hicks)

"아무것도 염려하지 말고 오직 모든 일에 기도와 간구로 너희 구할 것을 감사함으로 하나님께 아뢰라 그리하면 모든 지각에 뛰어난 하나님의 평강이 그리스도 예수 안에서 너희 마음과 생각을 지키시리라"(빌 4:6-7).

우리는 모두 어찌 할 바를 알지 못하거나, 알아도 어떻게 할 수 있는 능력이나 혹 힘이 없는 상황을 맞게 된다. 나는 그러한 상황에 처했을 때, 그 상황을 하나님의 손에 맡겨 드릴 수 있는 하나의 방법을 생각해 내었다. 실제로 그 일들은 하나님께 속해 있다. 내가 문제를 스스로 해결해야 한다고 느낄 때, 이를 하나님의 손에 맡겨 드리기를 실천하는 것은 그러한 고민으로부터 나를 해방시켜 준다.

내 딸이 무언가로 인해 굉장히 흥분했던 때가 기억난다. 나는 그 애의 문제를 해결해 줄 수 없었고, 어떻게 위로해야 할지도 몰랐다. 딸을 위해 기도하는 동안 나는 마치 그 애의 문제가 담겨 있는 보이지 않는 상자를 잡듯 내 손을 내뻗었다. 이것을 주님께 올려 드리며 나는 기도했다. "주님, 저는 무엇을 해야 할지 알지 못합니다. 당신께서 이 문제를 취하셔서 해결해 주시기를 소원합니다. 저는 아무것도 할 수 없습니다."

이처럼 간단한 육체적 행동이 그 문제를 주께로 내어 드리게 하고, 또한 내 마음에 평안을 가져다줄 수 있다는 것은 놀라운 일이었다. 이러한 나의 육체적 행동은 내가 하나님을 의지하고 있으며, 이런 상황 속에서 내가 그분께 전적으로 굴복한다는 표현이었다. 그때 이후로 이것은 하나님께 대한 나의 신뢰를 표현하는 방법이 되었고, 문제들이 더는 내 것이 아니며, 따라서 염려할 필요가 없음을 상기시켜 주었다. 그분이 내 문제의 해결자이시니 말이다.

> 이처럼 간단한 육체적 행동이 그 문제를 주께로 내어 드리게 하고, 또한 내 마음에 평안을 가져다 줄 수 있다는 것은 놀라운 일이었다.

모든 것의 힘이 되시는 하나님 아버지, 제가 경험했던 어떠한 문제보다도 더 크신 당신의 능력에 감사합니다. 당신의 능력을 알며, 당신의 사랑스런 딸로 당신의 돌보심을 알게 하심으로 저에게 평안을 주시니 감사드립니다. 혼자서 걱정하기보다는 기도할 수 있도록 저를 도와주옵소서. 아멘.

74. 살기 위한 죽음 - 헤더 올포드(Heather Olford)

"내가 진실로 진실로 너희에게 이르노니 한 알의 밀이 땅에 떨어져 죽지 아니하면 한 알 그대로 있고 죽으면 많은 열매를 맺느니라"(요 12:24).

"살고자 하는 자는 죽어야 할지니"라는 말은 우리 그리스도인이 경험해야 할 본질적 원리이다. 오래된 찬송가의 두 줄 가사가 이것을 일깨워 준다. "구주와 함께 나 죽었으니, 구주와 함께 나 살았도다."(다니엘 W. 위틀(Daniel W. Whittle)은 미국 매사추세츠 주 태생의 유명한 찬송 작사가로서 찬송가 465장 "구주와 함께 나 죽었으니" 작사자이다.-역자 주)

이것은 예수께서 제자들과 함께 나눈 진리이다. 살기 위해서 우리는 "한 알의 밀알"처럼 죽어야 한다. 그리고 우리가 "죽으면 많은 열매를 맺게 된다." 바울이 "너희 자신을 죄에 대하여는 죽은 자요 그리스도 예수 안에서 하나님을 대하여는 산 자로 여길지어다."(롬 6:11)라고 말한 것도 이와 같은 맥락이다.

우리가 이러한 죽음이 실제가 되도록 날마다 성령님을 의지할 때(롬 8:13), 우리는 살게 된다. 나의 남편인 스티븐(Stephen)이 자주 말하듯, 우리는 세상의 욕심과 시기, 쓴 뿌리와 악한 탐심으로부터 자유하기 위해 우리의 삶에 닥쳐오는 모든 공격들을 '십자가의 못'으로 받아들여야 한다. 육신의 죄악이 사망에 놓인 것처럼, 예수님의 부활은 우리의 인격을 통해 주어진다. 그리고 성령의 열매들이 나타나게 된다(갈 5:22-24).

> 우리는 삶에 닥쳐오는 모든 공격들을 '십자가의 못'으로 받아들여야 한다.

목회자의 아내로서 우리가 만일 예수의 생명을 다른 이들에게 나타내 보이려 한다면 그리스도의 죽음을 본받아야 한다는 것을 알아야 한다. 만일 한 알의 밀이 떨어져 죽지 않으면 한 알 그대로 있다. 추수 때가 되어도 거둘 것이 없을 것이다. 그러나 만일 죽으면 "많은 열매를 맺는다." 예수님의 말씀을 기억하라. "이 세상에서 자기 생명을 미워하는 자는 영생하도록 보존하리라"(요 12:25).

> 오, 자신을 구원하지 않으신 사랑의 주여,
> 오, 당신 자신에게는 아무 유익도 없이
> 오, 당신이 하신 그 일에 저는 아무것 아닙니다.
> 오직 내 안에 그리스도만이 살아계십니다! 아멘.

19세기 음악가인 위딩턴 여사(Mrs. A. A. Whiddington)의 찬송가 "제가 아닌 그리스도만을 경배합니다"(No I, But Christ) 가사의 후렴구-역자 주

75. 여호와의 집 - 리사 라이켄(Lisa Ryken)

"내가 여호와께 청하였던 한 가지 일 곧 그것을 구하리니 곧 나로 내 생전에 여호와의 집에 거하여 여호와의 아름다움을 앙망하며 그 전에서 사모하게 하실 것이라" (시 27:4).

나는 기독교 가정에서 자라면서 어릴 때부터 교회에 다녔다. 하지만 우리 가정은 저녁 찬양예배에는 거의 참석하지 않았다. 이와는 달리, 남편의 가정은 매주 저녁 찬양 예배에 참석했다. 우리가 결혼한 후, 나는 학교 교사가 되었고, 따라서 주일 저녁시간은 월요일 아침을 순조로이 시작할 수 있도록 준비하는 데 보내길 원했다. 그 결과 우린 여러 해 동안 저녁예배 참석여부를 놓고 갈등했다.

사실, 문제는 교회에 참석하는 것이 아니라 나의 태도에 관한 것이었다. 나는 월요일 수업을 준비해야 할 그 시간에 교회에 참석해야 하는 것에 대해 불평했다. 나는 하나님께 그의 성전에서 살면서 그의 아름다움을 바라보게 해달라고 구하지 않았다. 따라서 하나님께서 사역자로서 우리를 부르시고, 그래서 남편이 저녁 설교를 해야 했을 때 나는 웃을 수밖에 없었다.

그러나 내가 하나님을 예배하기 시작하고, 정기적으로 주일 저녁예배 시간에 하나님의 말씀을 들으면서 나는 나의 악한 태도를 볼 수 있었다. 나는 저녁 예배를 통해 하나님의 아름다움을 바라볼 수 있기를 갈망하기 시작했다. 나의 소망은 시편 23편 6절 "내가 여호와의 집에 영원히 거하리로다."를 "내가 여호와의 집으로 나의 거할 처소를 삼으리로다."라고 번역해서 부른 마이클 카드(Michael Card)의 시편 23편을 듣는 중에 더욱 높아만 갔다. 한 사람의 가정주부인 내게 이 말씀이 울려 퍼졌다.

> 문제는 교회에 참석하는 것이 아니라 나의 태도에 관한 것이었다.

하나님의 집은 평안과 치유와 안전함의 장소이다. 이곳에서 나는 내 신을 벗고 쉴 수 있다. 나의 평생에 더욱 커져만 가는 내 한 가지 소원은 평생토록 여호와의 집에 거하는 것이다.

주님, 제가 아름다우신 당신을 찬양합니다. 예배드려야 할 시간에 대해 원망하는 저를 용서해 주옵소서. 제가 여호와의 전에서 당신을 찾으며, 당신의 아름다움을 앙망할 수 있는 간절함을 제게 주옵소서. 아멘.

76. 생명의 말씀 - 바바라 휴즈(Barbara Hughes)

"이러므로 제자 중에 많이 물러가고 다시 그와 함께 다니지 아니하더라 예수께서 열두 제자에게 이르시되 너희도 가려느냐 시몬 베드로가 대답하되 주여 영생의 말씀이 계시매 우리가 뉘게로 가오리이까"(요 6:66-68).

기독교의 진리는 언제나 수용되기 어려운 것으로 여겨져 왔다. 요한복음 6장 66-68절에서 우리는 예수께서 자신을 생명의 떡이라고 주장하신 데 대해 종교 지도자들이 논쟁하는 모습을 발견한다. 실제로, 예수님의 제자들조차 그분의 가르침이 자신들이 받아들이기에는 너무 어렵다고 느꼈다.

이 문제는 오늘날에도 마찬가지이다. 예수님의 말씀은 오늘날에도 날카로운 논쟁을 불러일으킨다. 그러나 지금, 이와 같이 예수님의 도전적인 말씀을 선포하는 사람이 바로 나의 남편이다. "주께서 가라사대"라고 감히 선포하는 사람과 결혼한 것은 당신의 삶이 갈등으로부터 자유할 수 없다는 것을 의미한다. 예수님의 말씀은 죄를 밝히고 위선을 드러내며 불의에 대항하여 부르짖는데, 이런 것들은 온통 반문화적인 것들이기 때문이다.

내가 예수님을 따르는 자들이 피할 수 없는 고난의 한복판에서부터 벗어나려 할 때마다 그분의 잊을 수 없는 질문이 내 마음을 파고든다. "너희도 가려느냐?" 그리고 베드로의 신실한 대답으로 인해 나는 하나님께 얼마나 감사한지 모른다.
"주여, 영생의 말씀이 계시매 우리가 뉘게로 가오리이까?"

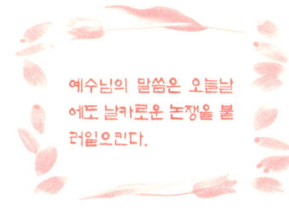

예수님의 말씀은 오늘날에도 날카로운 논쟁을 불러일으킨다.

하늘에 계신 사랑하는 하나님 아버지, 제 남편을 생명의 말씀을 선포하는 설교자로 불러 주심에 감사드립니다. 소망과 진리의 말씀들이 제 마음에 채워져, 이제 더는 제 마음속에 두려움이 존재하지 않기를 원합니다. 당신의 말씀과 그 영생의 말씀에 감사함으로써, 제가 더욱 강하고 용기 있는 여성이 될 수 있게 하옵소서. 아멘.

77. 날마다 도우시는 은혜 - 노엘 파이퍼(Noel Piper)

"우리 주 예수 그리스도와 우리를 사랑하시고 영원한 위로와 좋은 소망을 은혜로 주신 하나님 우리 아버지께서 너희 마음을 위로하시고 모든 선한 일과 말에 굳게 하시기를 원하노라"(살후 2:16-17).

이것이 아마 내 첫 기억일 것이다. 나는 은으로 된 서랍과 붉은 색 물살무늬로 치장된 흰색 철제 식탁 곁에 서서 어머니를 보고 있었다.

"예수님께서는 우리가 무슨 일을 하든지 항상 도와주시나요?"

"그럼!" 어머니는 대답했다. "항상 도와주시지." 당시 겨우 세 살이던 내 마음속엔 어머니의 자리인 연녹색 가스렌지 곁에 서 계신 예수님의 모습이 떠올랐다. 그림책에서 본 것처럼 흰 옷을 입은 채 예수님은 서서 우리의 저녁 식사용 수프를 젓고 계셨다.

지금 내겐 어릴 적 기억이 거의 남아 있지 않다. 그런데 어째서 이 장면은 내 기억의 앨범 속에 확실히 새겨져 있는 것일까? 그 이유는 아마도 그것이 사실이기 때문일 것이다. 물론 그림책에서와 같이 흰 옷을 입으시지는 않으셨을 것이다. 예수님은 눈에 보이지 않으시니까 말이다. 그러나 어린시절 어머니께서 내게 가르쳐 주신 이 사실은 여전히 내가 기억해야 할 진리이다. 왜냐하면 내가 선한 일을 할 때나 무슨 말을 할 때도 예외 없이 철저하게 예수님을 의지하고 있기 때문이다. 내가 국을 저을 때도, 식탁 위에 수저를 놓을 때도, 쏜살같이 지나가는 하루의 시간 속에서 무슨 일을 하든지 나는 예수님을 의지한다.

"예수님께서는 우리가 무슨 일을 하든지 항상 도와주시나요?"

가끔씩 "하나님은 우리의 피난처시요 힘이시니 환난 중에 만날 큰 도움이시라."(시 46:1)는 사실을 기억하는 것이 훨씬 더 쉽다. 나는 환난 중에 하나님이 필요하다는 사실을 인정한다. 하지만 일상생활 속에서, 가령 내가 전화를 받거나, 우유를 사오거나, 콧물을 닦거나, 개와 함께 산책을 다닐 때, 그런 경우에는 하나님의 능력과 도우심을 덜 필요로 해도 되는 걸까? 아니다. 절대로 그렇지 않다.

우리가 선한 일을 할 때나 무슨 말을 할 때, 우리의 마음을 위로하시고 새 힘을 불어넣어 주시는 분은 예수님이시지, 우리 자신이 아니다. 다만 위기 상황에서만 주님이 필요한 것은 결코 아니다.

주님, 우리가 모든 면에서 전적으로 당신을 의지해야 함을 지속적으로 깨닫게 하옵소서. 매일 매일 온 종일 우리의 사소한 언행에까지 도움을 주시고 능력을 더하여 주시니 감사드립니다. 아멘.

78. 그리스도를 바라봄 - 조이스 웹스터(Joyce Webster)

"내 눈이 항상 여호와를 앙망함은 내 발을 그물에서 벗어나게 하실 것임이로다"(시 25:15).

젊은 어머니로서 사랑받고 존경 받던 한 여성이 있었다. 아무도 그녀가 집에서 살해를 당할 것이며, 더욱이 그녀를 살해한 사람이 바로 교회의 목회자였던 그녀의 남편일 것이라고는 감히 누구도 상상할 수 없었다. 누구도 대답해 줄 수 없는 무수한 질문들이 쏟아지던 슬픔의 순간이었다. 이 사건은 모두에게 충격과 부인, 깊은 실망과 환멸만을 심어 주었다.

사실 이 순간이야말로 대부분의 성도들이 하나님께 더욱 가까이 다가가 그분의 능력과 평안을 맛보아야 할 시간이었다. 그러나 어떤 이들은 그와 전혀 반대였다. 그들은 자신들의 삶에서 하나님과 교회를 밀어내기 시작했다. 영적으로 강하다고 여겨지던 한 사람의 비극적인 실패 속에서 그들은 심한 모멸감을 느꼈던 것이다. 이유가 무엇이든지, 목회자가 넘어지면 많은 이들이 하나님으로부터 등을 돌리게 되고, 그들 삶 속에서의 하나님의 능력마저도 의심하게 된다. '영적 거인들'도 하나님 앞에서 신실하게 서 있지 못하는데, 감히 어떤 사람이 자신들은 신실하게 설 수 있다고 자랑할 수 있겠는가? 바로 이것이 그들에게 충분한 이유가 되는 것이다.

우리에겐 다른 이들이 우리들의 삶을 보았을 때 그들도 우리처럼 살기를 열망하게 되는 그런 삶을 살고자 하는 강한 열망이 있어야 한다. 비록 이러한 삶의 진정한 모델은 예수 그리스도 한 분뿐이지만 말이다. 우리가 우리 시선을 하나님께 고정할 때, 우리는 절대로 환멸을 주는 그런 사람들이 되지 않을 것이다. 왜냐하면 그분은 당신의 모든 약속과 목적을 이루실 것이기 때문이다.

> 이유가 무엇이든지, 독회자가 넘어지면 많은 이들이 하나님으로부터 등을 돌리게 되고, 그들 삶 속에서의 하나님의 능력마저도 의심하게 된다.

주님, 제 마음속에 다른 누군가를 당신보다 높은 자리에 두지 않게 하옵소서. 영적으로 저를 이끌어 주며 또한 믿음의 모범이 되는 이들을 제 곁에 두시니 감사드립니다. 그들에게 사람들을 인도할 수 있는 권능을 부어 주시고, 그들이 실수할 때 용서할 수 있는 은혜를 제게 주옵소서. 당신으로부터 눈을 떼지 않도록 도와주옵소서. 결코 실망시키지 않으시는 주님, 당신을 찬양합니다. 아멘.

79. 휴식 의자(time-out chair)

- 도로시 켈리 패터슨(Dorothy Kelley Patterson)

"내 아들아 주의 징계하심을 경히 여기지 말며 그에게 꾸지람을 받을 때에 낙심하지 말라 주께서 그 사랑하시는 자를 징계하시고…"(히 12:5-6상).

올케와 나는 침실 벽과 꼭 같은 푸른색의 의자를 발견했다. 그 의자에는 직접 손으로 그린 나비와 다른 생물들이 그려져 있었고 그 위에 다음과 같은 말이 적혀 있었다. "휴식 의자-나를 괴롭히지 마시오!" 나는 그냥 그것을 샀다. 물론, 나는 이 의자를 어떻게 사용해야 할지 몰랐다. 내 손자들은 나를 그다지 괴롭히지 않았고, 그들은 휴식 시간도 필요하지 않을 테니까 말이다. 나의 손녀딸 애비게일은 유치원을 잠시 쉬었던 친구 이야기를 했고, 자기 동생 레베카 역시 휴식이 필요한 것 같다고 말했다. 어쨌든, 이 의자는 색깔도 맘에 들었고, 혁신적인 디자인도 살 만한 가치가 있는 것처럼 생각되었다.

얼마나 자주 우리 하늘 아버지는 내게 이 '휴식 의자'가 필요하다고 말씀하시는가? 나는 지금껏 매일, 매주, 매해 진행되는 일들을 즐길 여유도 없이 줄곧 해왔다. 나는 내가 세워 온 계획과 내가 꿈꾸어 온 비전이 잘 이루어지는 것을 보고 싶었다. 이 길에서 벗어나게 하는 것들은 나를 화나게 했다. 그러나 주님께서는 이런 내게 성공을 향해 오르는 길은 결국 내

리막길이란 사실을 말씀해 주셨다. 가만히 앉아 그분을 기다릴 때 당신은 그분과 더욱 깊은 관계 속으로 들어갈 수 있다. 그러므로 잠시 쉬라, 바로 오늘!

"휴식 의자 - 나를 괴롭히지 마시오!"

하나님 아버지, 제가 긴급할수록 기다리는 여유를 갖게 하옵소서. 당신의 나라가 임하기 전에 나의 몸과 마음이 평안하게 하옵소서. 당신이 제게 쉬라고 결정하신 그 휴식의 시점에서 제 자신이 쉴 수 있게 하옵소서. 주께서 그 다음 것을 말씀하시기까지 기다리는 제가 될 수 있게 하옵소서. 아멘.

80. 호랑이를 보러 가야지 - 캐이시 채플(Kathy Chapell)

"우리가 아직 죄인 되었을 때에 그리스도께서 우리를 위하여 죽으심으로 하나님께서 우리에게 대한 자기의 사랑을 확증하셨느니라"(롬 5:8).

우리 아이들은 어릴 적에 세인트루이스 동물원에 가는 것을 무척이나 좋아했다. 언젠가 한번은 "아이들이 거의 사자에게 잡혀 먹힐 뻔한 날"로 새겨져 있다.

아이들과 나는 세 자녀를 둔 다른 어머니와 함께 동물원에 갔다. 우리는 "거대한 고양이과(科) 동물들의 세계"로 향했다. 약 2,450평 정도의 규모로 조성된 우리 속에는 호랑이와 사자들이 어슬렁거리고 있었고, 사람들은 다리 위에서 그것들을 관찰할 수가 있었다. 함께 갔던 어머니와 내가 우리 아이들과 함께 경사면을 오르는 동안 다른 큰 아이들은 우리 앞에서 서로 장난을 치고 있었다. 다리의 꼭대기에 이르렀을 때 나는 우리 아이들이 사자 우리 위로 걸려 있는 인공 돌무더기 위에 올라서 있는 것을 보았다. 아이들이 난간의 틈새를 비집고 들어갔던 것이다. 아이들이 사자를 보기 위해 돌무더기의 가장자리를 향해 다가가는 동안 나는 심장이 멎어 버리고 말았다. 순간 떠올릴 수 있는 그림은 아이들이 우리 속으로 떨어져 단숨에 사자에게 잡혀 먹히는 장면이었다.

순간 여러 생각들이 스쳐 지나갔다. 나는 놀라 비명을 지르고 싶었지만, 그럴 경우 아이들은 놀란 나머지 균형을 잃게 될 것이었다. 나는 억지로 나 자신을 억누른 채 조용히 돌무덤을 향해 걸어갔다. 그리고 두 팔을 쭉 뻗어 내가 할 수 있는 최고의 차분한 목소리로 아이들을 불렀다. "얘들아, 이리 온. 와서 엄마 품에 안기려무나. 이제 우리 호랑이를 보러 가야지." 아이들은 내 말을 들었다. 그리고 안전하게 내 팔에 안겼다.

> 순간 떠올릴 수 있는 그림은 아이들이 우리 속으로 떨어져 단숨에 사자에게 잡혀 먹히는 장면이었다.

내가 알기로는 예수님도 우리에게 그렇게 하셨다. 우리는 사망의 절벽 위에 서 있었다. 영원한 죽음의 위험 속에 있었다. 그리고 그때 그분은 두 팔을 쭉 뻗어 사랑스런 음성으로 말씀하셨다. 예수님은 십자가 위에서 두 팔을 벌리신 채 우리를 부르셨고, 그 영원한 사랑의 팔에서 생명을 찾게 하셨다.

사랑하는 하나님 아버지, 저를 구원해 주셔서 감사합니다. 당신의 사랑의 팔로 저를 감싸 주시고 죽음에서 다시 붙들어 주시니 감사합니다. 아멘.

사모가 사모에게

81. 최고의 친구 - 진 헨드릭스(Jeanne Hendricks)

"네가 물 가운데로 지날 때에 내가 함께할 것이라 강을 건널 때에 물이 너를 침몰치 못할 것이며 네가 불 가운데로 행할 때에 타지도 아니할 것이요 불꽃이 너를 사르지도 못하리니"(사 43:2).

우리는 대학 시절부터 좋은 친구였고, 우리 남편들 역시 서로 가까운 동료들이었다. 그러나 지금 나는 그녀가 누운 침대 곁에 앉아 죽음에 대한 느낌이 무엇이냐고 묻고 있다. 그녀에겐 흑색종이 발병했다가는 사라지고 다시 발병하기를 반복했다. 그녀는 자신이 죽어가고 있다는 것을 실감할 수 없다고 말했다. 나는 그녀에게 큰 목소리로 우리가 물 가운데 지날 때나 불 가운데 지날 때도 하나님께서 보호해 주신다고 약속하셨다는 사실을 진지하게 말해 주었다. 어쩌면 하나님께서 그녀를 기적적으로 치유해 주실 수도 있다는 사실을 강조하면서 말이다. 그러나 그녀는 곧 혼수상태에 빠져들었고, 결국 나는 마지막 숨을 내쉬는 그녀의 이마에 키스를 해야 했다.

우리는 그녀가 우리에게 남긴 것들을 되돌아보면서 장례 예배를 마쳤다. 내 친구는 이제 그녀의 구주와 함께 안전한 장소에 거할 것이다. 하지만 도대체 나는 뭔가? 기도의 동역자가 없는 이 길은 더욱 가파른 언덕일 텐데…. 그녀의 재치 있는 조언을 들을 수 없는 그 길은 더욱 거칠고 험할 텐데…. 나는 이제 더는 전화해서 그녀의 의견을 물을 수도 없다. 이런 생각 속에, 나는 스스로에 대한 연민에 빠져 허덕이고 있었다.

그리고 그때, 나는 내가 그녀에게 들려주었던 그 약속이 내게도 필요하다는 사실을 깨달았다. 내가 부모의 역할이라는 힘든 강을 건너야 할 때, 혹은 목회 사역에 닥친 여러 가지 오해의 뜨거운 불길 속에서 위축될 때, 하나님은 내가 물 가운데 떠내려가거나 불 가운데 타버리지 않도록 나를 지키신다.

> 하나님은 모든 상실을 통해서 민감하게 반응하는 신자에게 자신의 형상을 더해 주시는 분이시다.

인간에게 불어 닥치는 상실은 해가 지날수록 그 강도를 더해 간다. 그러나 동시에 하나님의 은혜도 의미 있게 자라간다. 연습을 통해서 성숙한 마음은 근심 중에서도 하나님의 평안을 맛보게 된다. 하나님의 영은 오랫동안 그에게 귀 기울이는 법을 배운 사람을 하나님의 평안으로 더욱 선명하게 가르치시고 인도하신다. 하나님은 모든 상실을 통해서 민감하게 반응하는 신자에게 자신의 형상을 더해 주시는 분이시다.

사랑하는 하나님 아버지, 당신이 주시는 모든 것들을 취할 수 있게 하옵시고, 그러한 것들이 당신의 비길 데 없는 사랑에서 비롯되는 것임을 알게 하옵소서. 아멘.

82. 온전한 그림 - 수 세일해머(Sue Sailhamer)

"마지막으로 말하노니 너희가 다 마음을 같이 하여 체휼하며 형제를 사랑하며 불쌍히 여기며 겸손하며 악을 악으로, 욕을 욕으로 갚지 말고 도리어 복을 빌라 이를 위하여 너희가 부르심을 입었으니 복을 유업으로 받게 하려 하심이라"(벧전 3:8-9).

크리스마스 아침, 교회에서 식사를 마쳤을 때 한 여성이 내게 다가와 말했다. "저는 당신을 용서했다고 말씀드리고 싶습니다." 그녀의 말은 나를 깜짝 놀라게 했다. 나는 그녀가 하는 말이 무슨 뜻인지 알지 못했으며, 더욱이 그녀가 누군지조차 정확히 몰랐다. 다행히 그녀와 대화하는 중에 나는 그녀의 이름이 무엇인지 약간의 힌트를 발견할 수 있었다. 그녀의 이름은 폴린(Pauline)이었고, 몇 년 전 부인과 사별한 한 남자와 결혼한 상태였다.

그동안 남편과 내가 자신을 무시한다고 느꼈음을 표현하기 위해 그녀가 얼마나 용기를 내어야 했는가를 생각해 보았다. 어떤 이유에서인지 그녀는 우리가 자신을 의도적으로 무시해 왔다고 믿어 왔다. 그녀의 말에 의하면, 나의 남편은 그녀의 남편에게는 인사를 하면서도 자신은 그냥 살짝 지나쳐 버리곤 했다는 것이었다.

그녀가 해준 말들을 남편에게 했을 때 남편도 깜짝 놀랐다. 아마도 한두 번 정도 남편이 그녀의 이름을 기억해 내지 못한 적이 있었던 것 같았다. 그리고 이 점에 대해 그녀가 오해를 했던 것이다.

이 사건은 나에게 목회 사역의 단순한 진리를 일깨워 주었다.

사람들은 바로 당신 그리고 당신의 가족과 개인적인 관계를 맺기 원한다는 것이다. 목회자의 아내로서 당신은 다른 이들로부터 비현실적인 기대나 상처를 받을 때가 종종 있을 것이다. 이것은 피할 수 없는 사실이다. 그러나 꼭 그런 일만 있는 것은 아니다. 매순간 사람들은 서로를 위로한다. 자신이 직접 만든 잼을 나누는 것, 스포츠 경기의 일등석 티켓이나 극장표를 선물해 주는 것, 혹은 자기 집으로 식사 초대를 하는 것 등은 모두가 감히 말로 다 형언할 수 없는 축복인 것이다.

> 사람들은 당신 그리고 당신의 가족과 개인적인 관계를 맺기 원한다.

이 사건 속에서 나는 한 가지 사실을 배웠다. 그것은 가끔씩 내 마음을 혼란스럽게 하는 말들을 개인적인 감정을 가지고 받아들이기보다는 오히려 이 모든 일들을 전체적인 관점에서 볼 줄 알아야 한다는 것이다. 그리고 함께 일하는 사람들의 이름을 기억하고 불러 주는 것 역시 참으로 가치 있는 일일 것이다.

주님, 다른 사람들을 향해 사역함으로써 당신을 섬길 수 있다는 것이 얼마나 멋진 특권인가요? 제 마음에 다른 사람들을 향한 연민의 정과 겸손을 주옵소서. 다른 이들이 저를 축복하게 하시듯, 저 또한 그들을 축복하게 하옵소서. 아멘.

83. 빛의 자녀들 - 메리 로우 윗록(Mary Lou Whitlock)

"무릇 더러운 말은 너희 입 밖에도 내지 말고 오직 덕을 세우는 데 소용되는 대로 선한 말을 하여 듣는 자들에게 은혜를 끼치게 하라"(엡 4:29).

내가 가진 성경책 속 한 부분은 다음과 같은 표제로 시작한다. "빛의 자녀들처럼 행하라." 에베소서 4장 17절로 시작되는 이 말씀에 내 삶을 복종시키는 것은 그리 쉽지 않은 일이다. 바울은 만일 우리가 주를 사랑한다면, 우리는 썩어져 가는 구습을 좇는 옛사람을 벗어버리고 새 사람을 입어야 한다고 가르친다. 우리는 반드시 참된 것을 말하며 분을 내어도 죄를 지어서는 안 된다. 그리고 우리가 도적질하지 말아야 하는 것은 물론이거니와, 더 나아가 빈궁한 자를 구제하기 위해 제 손으로 수고하고 선한 일을 해야만 한다.

그리고 이제 무엇보다 받아들이기 힘든 명령이 뒤따른다. "무릇 더러운 말은 너희 입 밖에도 내지 말고 오직 덕을 세우는 데 소용되는 대로 선한 말을 하여 듣는 자들에게 은혜를 끼치게 하라." 나는 종종 이 구절 속에서 "듣는 자들에게 은혜를 끼치게 하라."는 부분을 생각해 보았다. 우리의 말을 듣는 자들이 누구인가? 이에 대해 어떤 재미있는 만화가 마치 못을 박는 것처럼 내 머리를 내리쳤다. 이 만화는 어떤 손님을 맞이하기 위해 대문을 열어 준 어머니와 아버지를 그리고 있다. 그들의 아이가 다가와서 그 손님을 보고 소리쳤다. "저 사람 입 속에는 더러운 것이 없는데요!"

그렇다. 우리가 생각하는 것보다 더 많은 사람들이 우리가 하는 말을 듣고 있다. 우리가 잘 알고 있듯 말에는 힘이 있다. 말은 사람들에게 상처를 주기도 하고 상처 입은 마음을 치유해 주기도 한다. 말은 일을 복잡하게 만들기도 하고 명확하게 만들기도 한다. 말은 불화와 분열을 가져오기도 하고 평화를 가져오기도 한다. 말은 저주가 되기도 하고 축복이 되기도 한다.

> 그렇다. 우리가 생각하는 것보다 더 많은 사람들이 우리가 하는 말을 듣고 있다.

바울은 이것을 알고 있었던 것이다. 바로 우리 자신이 모든 악독과 노함과 분 냄과 떠드는 것과 훼방하는 것을 모든 악의와 함께 버리기 전까지, 우리는 스스로 선한 말을 할 수 없다는 것을 말이다. 그 후에야 우리는 비로소 "서로 인자하게 하며 불쌍히 여기며 서로 용서하기를 하나님이 그리스도 안에서 너희를 용서하심과 같이 하라,"(엡 4:32)는 말씀을 실천할 수 있다.

우리가 내뱉는 말들을 통해서 우리가 빛의 자녀들인 것을 나타내는 것이야말로 우리가 추구해야 할 목표이다. 솔로몬은 이 사실을 잘 보여 주고 있다. "경우에 합당한 말은 아로새긴 은쟁반 위에 금 사과니라"(잠 25:11).

하나님 아버지, 오늘 하루도 당신의 빛의 자녀답게 말에 있어 신중함을 잃지 않도록 도와주옵소서. 성령의 능력을 통하여 비통함이나 분노를 물리쳐 주시고, 다른 이들을 사랑하는 언행을 할 수 있도록 저를 도와주옵소서. 아멘.

84. 실망하지 않습니다 - 메리 캐시언(Mary Kassian)

"… 하나님의 영광을 바라고 즐거워하느니라 … 소망이 부끄럽게 아니함은 우리에게 주신 성령으로 말미암아 하나님의 사랑이 우리 마음에 부은 바 됨이니"(롬 5:2,5).

전화기로 들려오는 목소리는 아무런 의욕도 없는, 마치 생의 의미를 모두 잃어버린 것 같은 목소리였다. 내 친구는 감정적으로 고갈된 상태였다. 그녀는 잦은 질병으로 인해 몸이 극도로 쇠약해져 있었고, 아들은 자포자기한 상태였으며, 딸 역시 방황하고 있었고, 남편마저도 사업의 실패로 인해 몸져 누워 있었다. 어떠한 치료도 절망의 소용돌이로 빨려 들어가는 그녀를 막을 수가 없었다.

그녀의 이야기는 우리에게 매우 익숙하다. 거의 날마다 나는 냉정한 현실 속에 고통스러워하는 여성들을 만난다. 대부분의 경우 나는 무슨 말을 해주어야 할지 모를 경우가 많다. 단지 "소망이 부끄럽지 아니함은"이라는 성경의 약속을 신뢰하는 것이 내가 할 수 있는 것의 전부이다.

무언가를 소망한다는 것은 기대를 가지고 열망한다는 의미이다. 이것은 나의 간절한 바람이 이루어질 것이라는 어떤 확실성에 근거하여 그것을 기다린다는 것이다. 바울에 의하면, 고난에 맞설 수 있는 열쇠는 확실함 속에서 소망하는 것이다. 다시 말해 이것은 우리의 소망을 간직할 수 있는 확실함이다. 힘든 상황이 닥쳤을 때 우리는 하나님께서 우리가 생각하는 방식대로 우리의 기도에 응답해 주시기를 소망한다. 우리는 하나님께서 우리의 계획을 이뤄 주실 것을 소망한다. 그러나 불행하게도, 우리는 너무도 자주 그분의 계획을 바라보지 못하며, 그 결과 하나님께 실망하게 된다.

> 거의 날마다 나는 냉정한 현실 속에 고통스러워하는 여성들을 만난다.

확실한 소망은 어떤 결정에 관한 것이 아니라(비록 우리가 우리의 고통과 고난이 끝나게 해달라고 부르짖는다 할지라도), 하나님의 영광을 소망하는 것이다. 이 영광은 죄로 말미암아 잃어버렸으나, 우리가 주를 마주보게 되는 그날에 회복될 하나님의 형상이다. 비록 극심한 고난의 한복판에 있을지라도, 우리는 하나님의 모든 존재와 하나님께서 우리를 위해 가지신 모든 영광을 함께 나누게 되리라는 이 위대한 소망 가운데 앞을 내다볼 수 있게 된다. 우리는 마지막 날에 우리의 하늘 아버지께서 모든 것을 이루어 주시리라는 이 확실성에 굳게 붙어 있어야 하는 것이다.

사랑의 하나님 아버지, 제 소망이 당신의 영광에 견고하게 맞춰지도록 도와주옵소서. 저를 향한 당신의 깊은 사랑이 앞으로도 계속되기를 간절히 원합니다. 주님은 신실하시고 진실하신 분이시며, 당신 안에서 제 소망은 결코 좌절되지 않는다는 것을 기억할 수 있도록 도와주옵소서. 아멘.

85. 사자 우리 - 잰 오틀런드(Jan Ortlund)

"근신하라 깨어라 너희 대적 마귀가 우는 사자같이 두루 다니며 삼킬 자를 찾나니" (벧전 5:8).

사자 우리가 있는 건물에 들어가기 전, 우리는 멀리서부터 사자의 울음소리를 들을 수 있었다. 우리 아이들은 천둥처럼 울리는 이 굉장한 소리가 정말 사자 울음소리인지 확인하려고 레이와 나를 앞질러 마구 달려 들어갔다. 우리가 아이들에게 도달했을 때 아이들은 눈을 동그랗게 뜬 채 두 손으로 귀를 막고 있었다. 집으로 돌아오는 길에 우리는 사자 우리 밖으로 울타리가 놓여 있는 것이 얼마나 다행이었는지 얘기했다!

성경은 사탄을 두루 다니며 삼킬 자를 찾는 우는 사자에 비유한다. 그는 하나님과 하나님의 백성들을 대적한다. 우리는 굶주린 사자를 대하듯이 우리의 힘센 대적을 경계해야 한다.

그러나 우리가 기억해야 할 것은, 사탄이 사람보다는 강할지라도 하나님보다는 약하다는 것이다. 따라서 우리는 그것을 두려워할 필요가 없다. 그리스도는 사탄의 권세를 물리치시고 승리하셨으며, 따라서 우리도 승리할 것이기 때문이다 (요일 4:4). 마치 사자 우리의 울타리가 사자로부터 우리를 보호해 주는 것처럼, 예수님은 우리와 사탄 사이에 놓인 울타리가 되어 우리를 보호해 주시며, 우리로 "굳게 하시며 강하게 하시며 터를 견고케"(벧전 5:10) 하신다. 그리고 언젠가 사탄은 그분 앞에 잠잠케 될 것이다(계 20:10).

> 사탄이 우리의 대적임에는 틀림없지만, 그러나 주께서 그의 머리를 깨뜨리셨다. 그리스도께서 이 악한 마귀의 권세를 온전히 파하실 것이다.

그때까지, 우리는 굶주린 사자가 울부짖으며 어슬렁거리는 정글 속을 지나는 것처럼 그렇게 우리 삶을 걸어야 한다. 이처럼 우리 대적 마귀가 우는 사자처럼 두루 다니며 삼킬 자를 찾고 있기 때문에 베드로는 우리에게 근신하며 깨어 있으라고 가르친 것이다. 따라서 우리는 서로 믿음을 굳게 하여 저를 대적해야 한다. 그리고 "주 안에서와 그 힘의 능력으로 강건하여지고 마귀의 궤계를 능히 대적하기 위하여 하나님의 전신갑주를 입어야"(엡 6:10-11) 한다.

사탄이 우리의 대적임에는 틀림없지만, 그러나 주께서 그의 머리를 깨뜨리셨다. 그리스도께서 이 악한 마귀의 권세를 온전히 파하실 것이다.

사랑의 하나님 아버지, 저의 연약함을 사탄이 공격하지 못하도록 하시니 감사합니다. 당신의 귀하신 성자의 보혈로 말미암아 저를 강하고 담대하고 확고하게 하옵소서. 우리 형제자매들의 적을 능히 이기시는 주님의 이름으로 기도합니다. 아멘.

86. 수용하는 말 - 캐시 힉스(Kathy Hicks)

"이제 인내와 안위의 하나님이 너희로 그리스도 예수를 본받아 서로 뜻이 같게 하여 주사 한 마음과 한 입으로 하나님 곧 우리 주 예수 그리스도의 아버지께 영광을 돌리게 하려 하노라 이러므로 그리스도께서 우리를 받아 하나님께 영광을 돌리심과 같이 너희도 서로 받으라"(롬 15:5-7).

부끄러운 사실이지만, 나는 어떤 부류의 사람들과는 함께 있는 것조차 부담스럽다. 다른 이들보다 수용하기 어려운 사람들이 있는 것이 사실이다. 아마도 그들의 삶의 방식이나, 살아온 배경, 가치관, 혹은 사회적 신분 등이 다르기 때문인지도 모르겠다. 그런 사람들과는 함께 시간을 보내는 것보다 차라리 회피해 버리는 편이 더 낫다는 생각이 든다.

얼마 전에 나는 어떤 행사를 위한 무대 배경을 준비하는 일을 하고 있었다. 그때 함께 일하던 누군가가 내게 '크리스'를 부르는 것이 어떠냐고 물었다. 나는 속으로 크리스가 오지 않았으면 했다. 그녀는 내가 수용하기 어려운 그런 부류의 한 사람이었다. 직장을 수시로 옮겨 다니는 것을 제외하고도(나는 이 점을 이해하지 못했지만, 결국 이것은 그녀가 자라온 환경에 대한 이해가 부족했기 때문이란 점을 깨닫게 되었다), 그녀는 나의 지도력에 대해 순응하지 않는 것처럼 보였고 이것이 나를 불편하게 만들었다.

크리스가 나타났다. 그녀는 기분이 별로 좋아 보이지 않앉다. 전에는 이런 모습의 크리스를 만난 적이 없었다. 묘하게도 그녀의 어두운 마음으로 인해 우리는 대화를 시작할 수 있었으며, 그녀와 이렇게 대화할 수 있다는 사실에 나는 무척 놀랐다. 우리는 몇 시간 동안 나눈 대화를 통해 서로가 받아들여지고 있음을 직감했으며, 이 점이 우리 둘 모두를 놀라게 했다. 그날 이후 우리는 서로를 더 잘 이해하게 되었으며, 서로가 받은 축복은 말할 것도 없을 것이다.

> 나는 어떤 부류의 사람들과는 함께 있는 것조차 부담스럽다.

사랑하는 주 예수님, 당신께서 이 땅에 살아계실 동안 '용납할 수 없는' 사람을 용납하는 모범을 보여 주신 것에 감사드립니다. 또한 저의 부족함과 변덕스러운 모든 것을 주님께서 수용해 주시니 감사합니다. 다른 사람들에게 영향을 미치는 데 저를 사용하여 주옵소서. 제가 이웃을 진정으로 수용함으로써, 그들을 수용하는 당신의 모습을 보여 줄 수 있도록 도와주옵소서. 아멘.

87. 그의 아름다운 덕을 선전하라

- 메리 K. 몰러(Mary K. Mohler)

"오직 너희는 택하신 족속이요 왕 같은 제사장들이요 거룩한 나라요 그의 소유된 백성이니 이는 너희를 어두운 데서 불러내어 그의 기이한 빛에 들어가게 하신 자의 아름다운 덕을 선전하게 하려 하심이라"(벧전 2:9).

하나님은 참으로 좋으신 분이시며, 그분 안에서 우리의 삶이 얼마나 아름다운지를 보여 주는 분명하고 심오한 그림들을 제공해 주신다. 베드로전서 2장 9절에 나타난 말씀을 홀로 잠잠히 머릿속에 그려 보라. 신약성경이 말씀하는 것처럼, 우리는 하나님의 특별한 백성들이다. 문자 그대로 하나님은 우리를 끝없는 흑암으로부터 불러내어 그의 끊임없고 영원한 빛의 기이한 광선 안으로 들어가게 하셨다.

가끔씩, 우리는 목회 사역에서 그의 '택하신 세대'를 인도하도록 받은 부르심이 얼마나 두려운 일인지 보지 못할 때가 있다. 단지 우리는 우리의 갑주를 벗어 버리려고 무척 애를 쓴다. 더욱이 우리는 스스로를 반석과 같이 강한 사람들이라고 여긴다. 그러나 우리는 날마다 과중한 책임감에 휩싸인 나머지 우리 속에 있던 기쁨은 이내 탈진과 지킬 수 없는 무리한 약속이라는 어두운 그림자에 뒤덮여 버리고 만다. 목회자의 아내로서, 우리는 그리스도인들과 비그리스도인들 모두로부터 동시에 주목 받고 있다는 사실을 발견하게 된다.

이 말씀을 생각해 보라. 우리는 하나님의 아름다운 덕을 선전하기 위해 지음 받았다. 우리가 낙심해 있을 때 이 일을 감당하는 것은 매우 어렵다. 최근에 내 친구는 나의 모든 수고가 결코 헛되지 않았음을 확신시켜 주었다.

> 우리는 그리스도인들과 비그리스도인들 모두로부터 동시에 주목 받고 있다는 사실을 발견하게 된다.

그렇다. 우리는 부지런하되 선한 일을 위하여 부지런해야만 한다. 그럼으로써 우리 하나님의 계획하신 목적인 하나님의 아름다운 덕을 선포하는 일을 가장 먼저, 우선적으로 행해야 한다.

축복의 하나님 아버지, 현재의 우리의 모습에도 불구하고 사랑해 주시니 감사합니다. 당신의 말씀과 성령의 능력으로 말미암아 그 아무도 줄 수 없는 격려를 해주시니 감사합니다. 주님, 우리는 당신의 빛의 자녀로 생활하며 언제나 당신을 찬양으로 선포하기를 원합니다. 당신이 어느 곳에서, 어떻게 우리를 사용하실지 모르지만 오늘도 빛의 자녀답게 행할 수 있는 힘을 주옵소서. 예수님의 이름으로 기도드립니다. 아멘.

88. 너희는 가만히 있어 - 캐시 힉스(Kathy Hicks)

"이르시기를 너희는 가만히 있어 내가 하나님 됨을 알지어다 내가 열방과 세계 중에서 높임을 받으리라 하시도다"(시 46:10).

이 구절은 항상 내 영혼에게 무언가를 말씀해 준다. 이는 아마도 인생의 바쁜 행보 가운데서도 하나님의 '하나님 되심'을 잠잠히 묵상하라는 말씀일 것이다. 하루는 이 구절을 가만히 읽다 보니 문득 이런 생각이 들었다. 과연 '가만히 있어'의 진정한 의미는 무엇일까? 그리고 하나님은 그분의 어떤 점에 대해서 내가 알기를 원하시는 것일까? 이에 대해 하나님께서는 몇 가지를 말씀해 주셨다.

"너희는 가만히 있어 내가 하나님 됨을 알지어다."
너는 고요한 가운데 네 삶을 움직이는 모든 것들이 궁극적으로 나의 주관 하에 있다는 사실을 바라보아라. 그리고 너를 향한 나의 사랑이 이 모든 일들을 이루어 네 삶을 풍성하게 한 것이란다.
너는 잠잠히 내가 네게 말하는 것을 들어 보아라. 너는 내게 기회를 주어 내가 네 삶 속에서 끊임없이 일하고 있음을 말할 수 있게 하여라.

너는 감사함으로 네 모든 필요를 네가 내게 구하기도 전에 이미 내가 모두 알고 있다는 사실을 신뢰하여라. 그리고 네 모든 필요를 돕는 것이 또한 나의 기쁨이란 사실도 잊지 말아라. 네가 나를 기뻐하는 것도 사실은 내가 네 마음속에 그러한 열망을 허락하였기 때문이란다.

> 응답되지 않는 듯이 보이는 너의 간구도 내가 가장 적절한 시간에 가장 적절한 방법으로 반드시 이룰 것이라는 사실을 신뢰하고 기다려라.

너는 인내함으로 내가 네 안에 이루고자 하는 나의 일은 그것을 성취하기까지 몇 주, 몇 달 혹은 몇 년이 걸릴 수도 있다는 사실을 인정하여라. 그러므로 응답되지 않는 듯이 보이는 너의 간구도 내가 가장 적절한 시간에 가장 적절한 방법으로 반드시 이룰 것이라는 사실을 신뢰하고 기다려라.

너는 나의 모든 능력과, 모든 지혜와, 사랑과, 공의와, 인내와, 이 모든 것들로 인해 감사하여라. 나는 네 삶을 유익하게 하는 모든 것이란다. 그리고 너는 네 생명을 다해 나를 신뢰하여라.

"너희는 가만히 있어 내가 하나님 됨을 알지어다."

하나님 아버지, 당신의 음성을 들을 수 있도록 제 마음을 잠잠케 하옵소서. 오늘도 제가 당신에 대하여 무엇을 알아야 하는지 보여 주시고, 혼란함을 덮어 주옵소서. 저를 위하여 모든 것 위에 존재하시고 저를 위해 모든 것을 행하시는 주님께 감사드립니다. 아멘.

89. '그 느낌' - 조이스 웹스터(Joyce Webster)

"주께서 생명의 길로 내게 보이시리니 주의 앞에는 기쁨이 충만하고 주의 우편에는 영원한 즐거움이 있나이다"(시 16:11).

남편이 '그 느낌'을 받게 될 때마다 나는 긴장한다. 그 이유는 그것이 어떠한 변화를 의미하기 때문이다. '그 느낌'은 우리를 사업에서 목회 사역으로 옮겨 놓았고, 젊은이 사역에서 담임 목회 사역으로 옮겨 놓았으며, 교회 사역에서 동 유럽의 선교 사역으로 옮겨 놓았다. 이러한 남편과 결혼한 뒤 내 인생은 하나의 모험이었다. 하지만, 이보다 더욱 중요한 사실은 하나님의 자녀로서 생명의 길을 따라 그의 뒤를 따르는 삶 자체가 하나의 모험이라는 것이다.

오스트리아에서 사역하고 있을 때 밥은 모스크바를 향한 '그 느낌'을 받았다. 우리 가정의 관습대로 밥은 우리 개개인 가족들에게 하나님께서 우리를 어디로 인도하실지 깨닫게 해달라고 함께 기도해 줄 것을 부탁했다. 우리의 딸들 중에 레이첼은 어차피 하나님께서는 우리를 모스크바로 인도하실 것이 분명하기 때문에 이 일에 대해 기도하기를 원치 않는다고 솔직하게 말했다. 레이첼은 우리의 기도가 결국은 모스크바로 향하게 될 것임을 확신했던 것이다. 하나님은 언제나 믿음의 사람들을 더욱 힘든 상황으로 인도하시지 않았던가? 그때 우리는 우리가 어디에서 사역하게 될 것인지보다 더욱 중요한 질문을 제기해 보아야 한다는 사실을 깨달았다.

그 질문은, "우리가 어떤 사람들이 되어야 할 것인가?"였다. 우리는 하나님을 따르지 못하겠다고 이리저리 핑계 대는 사람들인가, 아니면 우리에게 던져질 질문이 무엇일지 미처 알기도 전에 이미 "네, 주님." 하며 순종하는 자들인가? 우리는 하나님께서 우리를 '어디로' 인도하실지 기도하는 데 우리의 시간을 허비하기보다, 우리가 과연 '어떤' 사람들이 되어야 할 것인가에 대해 기도하기 시작해야 한다. 그 이후로 다시 한번 가족 모임을 가졌을 때, 하나님께서는 우리 각자와 우리 가족에게 던져진 질문에 상관없이 하나님께 "네." 하고 순종하는 마음을 가진 사람들로 만들어 주셨음을 발견할 수 있었다. 이처럼 "네, 주님." 하고 말하였으나 결국 하나님께서는 우리 가족을 모스크바로 인도하시지 않으셨다. 그 대신에 하나님은 우리를 미국 대륙으로 옮기셔서 그 땅에 교회를 세우게 하셨다.

하나님을 따라 그분의 좁은 길을 따르는 것이 항상 평탄한 것은 아니다. 그러나 내가 확신하건대 오직 이곳, 생명의 길에서만이 참 기쁨과 영원한 보화를 발견할 수 있다.

하나님 아버지, 제가 질문을 알기 전이라도 아버지 하나님께 "예."라고 말할 수 있는 용기를 주옵소서. 생명의 길이 어느 곳이든 인도 받을 수 있는 예지로 가득 채우소서. 아멘.

90. 남편을 위한 기도 - 리사 라이켄(Lisa Ryken)

"또 나를 위하여 구할 것은 내게 말씀을 주사 나로 입을 벌려 복음의 비밀을 담대히 알리게 하옵소서 할 것이니 이 일을 위하여 내가 쇠사슬에 매인 사신이 된 것은 나로 이 일에 당연히 할 말을 담대히 하게 하려 하심이니라"(엡 6:19-20).

내가 들어온 설교 중에서 가장 도전적인 것 중의 하나는 에베소서에 기록된 이 본문에 관한 것이다. 이 본문은 믿는 사람들에게 그들의 설교자를 위해 기도할 것을 권하고 있다.

사도 바울은 위대한 설교자이자 담대한 전도자였다. 그러나 그 역시 자신의 모든 사역이 열매를 맺기 위해서는 자신을 위해 기도할 사람이 필요하다는 사실을 인정했다. 복음을 전파하는 것은 중대한 과제이다. 설교자는 하나님의 말씀을 선포하기 위해 하나님의 말씀을 들어야 하고, 그래야만 자신의 기교가 아닌 하나님의 말씀에만 철저하게 의지할 수 있다. 그리고 그에게는 사람들이 듣고 싶어하는 말씀이 아닌, 하나님이 사람들에게 들려주고 싶어하시는 복음을 두려움 없이 전파할 수 있는 자유함과 담대함이 필요하다. 설교자는 복음의 비밀을 선포해야 하며, 윤리적인 성숙을 위해 신중하게 계산된 계획을 따라가서는 안 된다. 그는 죄인들이 자신의 죄를 깨닫고 돌이키게 해야 하며, 예수 그리스도를 바라볼 수 있게 해야 한다. 마지막으로, 사역자에게는 환난을 당할 때의 인내가 필요하다. 그는 성도들이 죄의 고통으로 힘들어하고 있을 때 그들이 안겨 주는 모든 무거운 짐을 견뎌내야 한다.

> 나의 남편을 위해 열심히 기도해야 함에도 불구하고, 실제로 얼마나 기도하지 않았던가를 깨달았기 때문이다.

설교가 마칠 즈음 나는 눈물을 흘리고 말았다. 나의 남편을 위해 열심히 기도해야 함에도 불구하고, 실제로 얼마나 기도하지 않았던가를 깨달았기 때문이다. 그러나 그보다 더, 나는 복음을 증거해야 하는 그의 짐의 무게를 느낄 수 있었다. 나는 그의 아내로서 그와 함께 짐을 나눠지고, 그를 위해 신실하게 기도해야 한다.

주님, 우리에게 당신의 말씀을 분명히 전해 주는 신실한 설교자들로 인해 감사를 드립니다. 또한 남편과, 복음을 전할 수 있도록 그에게 주신 은사에 감사를 드립니다. 그에게 담대함과 인내를 주옵소서. 그리고 저의 간헐적이고 나약했던 기도를 용서해 주옵시고, 저를 사랑하는 남편을 계속적인 기도의 용사로 무장시켜 주옵소서. 아멘.

글쓴이들

캐이시 채플(Kathy Chapell)

캐이시와 브라이언 채플은 커버넌트 신학교(Covenant Theological Seminary)에서 주님을 섬기고 있으며, 브라이언은 그 학교의 총장이다. 채플 부부는 슬하에 7살에서 19살에 이르는 네 명의 자녀들을 두었다. 캐이시는 음악 교육과 실습 분야에서 학사와 석사학위를 가지고 있으며, 수많은 교회에서 음악 사역자로 일해 왔고, 최근에는 미주리(Missouri) 주에 위치한 세인트루이스 장로교회를 섬기고 있다.

진 헨드릭스(Jeanne Hendricks)

진은 수년 동안 달라스 신학교(Dallas Theological Seminary) 교수인 남편 하워드와 함께 사역에 동참해 왔다. 그리고 목회자의 아내들과 여성 사역자들을 위한 작가와 강사로서 일해 왔다. 그녀는 여전히 젊은 여성들을 훈련하고 상담하는 일을 하고 있으며, 장성한 세 자녀의 어머니, 여섯 명의 손자손녀들을 둔 할머니이기도 하다.

캐이시 힉스(Kathy Hicks)

캐이시 힉스는 남편 릭(Rick)과 함께 1975년부터 목회 사역에 동참했다. 이전에는 캘리포니아에 위치한 포리스트 홈 크리스천 컨퍼런스 센터(Forest Home Christian Conference Center)에서 사역했고, 지금은 국제적인 선교단체인 오엠(Operation Mobilization)의 애틀랜타 본부에서 사역하고 있다. 그녀의 남편은 현재 미국 오엠의 대표를 맡고 있다. 그녀는 남편을 섬기는 일과, 또한 그곳에서 파송 고문으로서의 역할을 기쁘게 수행하고 있다. 캐이시는 은퇴 선교사 정책의 임원으로 일하고 있고, 남편과 함께 세대 차이에 관한 책을 저술했으며, 이것은 남편과 함께 가르쳐 온 주제이기도 하다. 현재 그들에게는 대학생인 딸 코라(Cora)가 있다.

바바라 휴즈(Barbara Hughes)

바바라 휴즈는 주부로서, 목회자의 아내로서, 그리고 할머니로서 주님을 섬기고 있다. 그녀는 남편 켄트 휴즈(Kent Hughes)와 함께 두 권의 책을 저술하기도 했다. 가장 최근작인 『경건한 여성을 위한 훈련』(Disciplines of a Godly Woman)에서 그녀는 여성들에게 자신의 모든 삶의 영역에서 하나님의 뜻에 순종하도록 요청하고 있다. 바바라와 켄트는 일리노이 주에 위치한 휘튼 대학에서 가르치고 있으며, 장성한 네 명의 자녀와 열여섯 명의 손자손녀들을 두고 있다.

메리 캐시언(Mary Kassian)

메리 캐시언은 캐나다인으로서 작가이고, 강연자이며, 젊은 여성들에게 온 힘을 다하여 하나님을 사랑할 것과 자신들을 향한 하나님의 계획을 기쁨으로 순종할 것을 가르치고 있는 AFM(Alabaster Flask Ministries)의 대표이다. 그녀의 남편 브렌트(Brent)는 프로축구팀의 사목으로 섬기고 있다. 메리와 브렌트는 세 아들, 애견(愛犬) 래브라도 제너럴 보(General Beau)와 함께 캐나다 앨버타(Alberta)의 셔우드 공원에서 자전거 타기나 하이킹, 등산, 캠프파이어, 하키 등을 즐기며 살아가고 있다.

메리 K. 몰러(Mary K. Mohler)

메리 K. 몰러는 켄터키 주 루이스빌에 있는 남침례신학교 총장의 아내이며, SWI(Seminary Wives Institute)의 창립자이자 이사이다. 그러나 그녀가 가장 좋아하는 호칭은 남편 앨버트의 아내라는 것과 두 자녀 케이티(Katie)와 크리스토퍼(Christopher)의 어머니라는 것이다. 메리는 미시간 주 디트로이트 태생이며 샘포드 대학(Samford University)을 최우수 성적으로 졸업했다.

헤더 올포드(Heather Olford)

헤더 올포드는 목회자의 아내이며, 두 자녀의 엄마이고, 재능 있는 피아니스트다. 현재 테네시 주 멤피스에서 살고 있다. 북 아일랜드의 루간(Lurgan)에서 태어난 그녀는 남편 스티븐 올포드 박사와 함께 런던과 뉴욕에서 목회 사역을 했다. 두 곳의 교회에서 그녀는 상담과 여성 사역, 그리고 음악 사역을 감당했다. 최근 그들은 멤피스에 위치한 '성경적 가르침을 위한 스티븐 올포드 센터'와 전 세계의 다른 센터들에서 세미나와 강연을 하고 있다. 그리고 두 명의 자녀들을 두고 있다.

잰 오틀런드(Jan Ortlund)

잰 오틀런드는 작가이자 RM(Renewal Ministries)의 강사이다. 그녀가 저술한 최근의 책, 『두려움 없는 여성』은 여성들에게 하나님께서 자신들을 여성으로 지으시며 세우신 계획을 담대히 수용할 것을 권하고 있다. 잰은 레이 오틀런드(Ray Ortlund)와 결혼했으며, 그는 현재 조지아 주의 역사적 교회인 제일어거스타 장로교회(First Presbyterian Church of Augusta)의 담임목사이다. 이들 부부는 장성한 네 명의 자녀를 두고 있다.

도로시 켈리 패터슨(Dorothy Kelley Patterson)

도로시 켈리 패터슨은 남동침례신학교(Southeastern Baptist Theological Seminary)의 총장이며 전 남침례회(Southern Baptist Convention) 회장이었던 남편 페이지 패터슨(Paige Patterson)과 함께 북캘리포니아에서 거주하고 있다. 그녀는 자신을 가정주부(homemaker)라고 규정한다. 그녀의 모든 시간과 에너지와 창의력도 바로 이 직분을 위해 가장 우선적으로 사용된다. 남편인 패터슨 박사는 프리랜서 작가와 강사로써 많은 존경을 받고 있다. 최근에 그녀는 남동침례신학교에서 여성학 조교수로 부임했다. 그녀가 쓴 책에는 『여성을 위한 산상수훈』(BeAttitudes for Women), 『하나님을 찾는 여성』(A Woman Seeking

God), 그리고 『엄마 어디 있어요?』(Where's Mom?)등이 있다.

노엘 파이퍼(Noel Piper)

1980년부터 노엘 파이퍼와 남편인 존 파이퍼는 미네소타 주의 미네아폴리스(Minneapolis)에 위치한 베들레헴 침례교회에서 사역하고 있다. 그녀는 강연과 저술을 즐기며, 또 기회가 될 때마다 주저 없이 선교 여행을 떠나곤 한다. 그러나 그녀의 가장 중요한 소명은 그녀의 가족이다. 이들 부부에게는 아들 넷과 딸 하나가 있다.

리사 라이켄(Lisa Ryken)

엘리자베스(리사) 맥스웰 라이켄은 일리노이 주에 위치한 휘튼 대학을 졸업했으며(예술, 역사 전공), 펜실베이니아 주의 글렌사이드(Glenside)에 위치한 아카디아 대학에서 예술학 석사와 교육학 석사과정을 마쳤다. 최근에 그녀는 남편 필립(Philip)이 당회장으로 시무하고 있는 펜실베이니아 제10장로교회(tenth Presbyterian Church)에서 하나님을 예배하며 섬기고 있다. 라이켄 부부는 필라델피아 주 센터 시티에서 세 자녀 조슈아(Joshua), 키스텐(Kirsten), 그리고 제임스(James)와 함께 살고 있다.

수 세일해머(Sue Sailhamer)

수 세일해머는 24년 동안 목회자의 아내로 섬기고 있다. 남편 폴(Paul)은 캘리포니아 주의 풀러튼 제일복음자유교회(the First Evangelical Free Church of Fullerton)의 담임목사로 시무했으며, 현재는 한 개인 기독 단체의 대표로 섬기고 있다. 수(Sue)는 풀러튼 교회에서 취학 전 아동 어머니회(MOPS, Mothers Of Preschoolers, International)의 어머니 멘토(mentor mom)로 섬기고 있으며, 남캘리포니아를 대상으로 한 크리스천 타임즈(Christian Times)지에 기고하고 있다. 이들 부부는 장성한 두 아들과 한 명의 며느리를 두고 있다.

폴릿 워싱턴(Paulette Washington)

폴릿 워싱턴은 일리노이 주 시카고에 위치한 우리 구원의 반석교회(The Rock of Our Salvation Church)에서 수년 동안 목회자인 남편 롤리(Raleigh)를 도우며 섬기고 있으며, 프라미스 키퍼스(Promise Keepers) 사역을 이끌고 있다. 그녀는 북캘리포니아의 페이테빌 주립 대학(Fayetteville State university)을 졸업하였고, 거기서 교사 자격증을 획득했다. 폴릿은 HEO(Harvest Evangelistic Outreach)의 창립자이자, 동시에 화해와 평화 선교회(Reconciliation and Peace Ministries)의 대표이다. 그녀는 젊은이들과 여성들을 위한 집회의 유명 강사이며, 또한 결혼과 가족을 위한 강연에서도 인기 있는 강사이다.

조이스 웹스터(Joyce Webster)

조이스 웹스터는 목회자의 아내와 학교의 교사로서, 그리고 동유럽 선교사로서 섬겨 왔다. 최근에 그녀는 패서디나(Pasadena) 기독 학교에서 5학년을 가르치고 있다. 1997년 조이스와 남편 밥(Bob)은 캘리포니아의 패서디나에 작은 언덕 공동체 교회(Foothills Community Church)를 세운 뒤 지금까지 사역하고 있다. 이들 부부는 장성한 다섯 명의 자녀를 두고 있다.

메리 로우 윗록(Mary Lou Whitlock)

메리 로우 윗록은 남편 루더(Luder) 곁에서 교회와 학원사역을 진행해 왔다. 사역 초기에 루더는 여러 교회를 목회하였고, 후에 플로리다 주 올랜도에 위치한 리폼드 신학교(Reformed Theological Seminary)의 총장으로 선출되었다. 최근에 은퇴한 그들 부부는 가정 사역 프로그램과 신학생 아내들을 위한 프로그램(Mrs. In Ministry)을 통해 활발히 사역하고 있다. 그들에게는 결혼한 세 명의 자녀(크리스, 앨리사, 베스)가 있으며, 아홉 명의 손자들도 두고 있다.